Buonissimo!

Unsere Lieblingsrezepte aus **Italien**

Edition Fackelträger

© 2010 Fackelträger Verlag GmbH, Köln
Texte der „Extra"-Kapitel: Marc Roger Reichel
Rezepte und übrige Texte: TLC / Sylvia Winnewisser
Gestaltung: FSM Premedia, Niels Bonnemeier

Bildquellen: Fiat Group Automobiles Germany AG: S. 6, 38, 60 u.l., 62
Fotolia: S. 30 o.l., 42, 45 o.r., 54 o.r., 78, 81, 98, 116, 126, 158 u., 176 u.l.,
178, 198, 216 o.r., 222 o., 232, 252 u.
Getty Images: S. 4 / 5
Interfoto: S. 8, 12 (2), 18, 28, 30 o.r., 34, 46, 52, 56, 66, 88 o.l., 96, 112, 136,
140, 141, 155, 161, 165 o.l. + o.r., 166, 172 o., 182 o., 194, 206 o., 213 u.,
215, 216 o.l., 217 (2), 218, 230, 234, 238 o.r., 245 u., 250 o.
picture alliance / dpa: S. 74, 84, 90, 100, 154, 188 o., 200
Alle übrigen Abbildungen stammen von TLC sowie dem Archiv des Fackelträger Verlages
Umschlag Vorderseite: Getty Images, kleine Abb.:
Fiat Group Automobiles Germany AG, TLC, Fackelträger Verlag
Umschlag Rückseite: Fiat Group Automobiles Germany AG, TLC (2)

Gesamtherstellung: Fackelträger Verlag GmbH
Alle Rechte vorbehalten

Printed in Thailand

ISBN 978-3-7716-4442-0

www.fackeltraeger-verlag.de

Buonissimo!

Unsere Lieblingsrezepte aus **Italien**

Edition Fackelträger

DIE KULTUR DER ITALIENISCHEN KÜCHE 8

ANTIPASTI 12

    Extra: SCHINKEN 30

    Extra: KÄSE 46

    Extra: WEIN 70

PRIMI 72

    Extra: PASTA 98

    Extra: PIZZA 140

    Extra: BALSAMICO 152

SECONDI 154

    Extra: OLIVENÖL 190

    Extra: EIS 216

DOLCI 218

    Extra: KAFFEE 238

    Extra: GRAPPE 254

REGISTER 256

Die Kultur
der italienischen Küche

Das Land, wo die Zitronen blühen, hat nicht nur Goethe begeistert. Seit Jahrzehnten zieht es Urlauber nach Italien – erst mühsam über die Alpenpässe von Brenner und San Bernadino, später schnell und zeitsparend über die Autobahn. Viele sind zu regelmäßigen Besuchern des Landes geworden, haben sich anstecken lassen von der Lebensart, die zwischen Dolomiten und Sizilien den Tag bestimmt. Feinschmecker schätzen die Vielfalt der italienischen Küche, die sich aus den Gerichten der einzelnen Regionen zusammensetzt.

Im Norden schmeckt man den Einfluss der alpenländischen Küche, im Osten bereichern Elemente slawischer Rezepte die Kochkunst. Klassisch mediterran gibt es an den weiten Küsten unzählige Varianten, Fisch und Meeresfrüchte zuzubereiten, und auch die Gerichte des Apennin bestechen. Nicht zu vergessen die Inseln, wo sich im Lauf der Jahrhunderte eine ganz eigene Kochkultur entwickelt hat. Noch heute ist auf Sizilien die Einwirkung Arabiens auf die Zubereitung von Speisen unverkennbar.

Pasta und Pizza wurden in Italien erfunden, Caprese und Tiramisu sind zu Lieblingen auch des deutschen Geschmacks avanciert. Italienischer Schinken gehört wie Käse und Oliven zu den Speisen, die Erinnerungen an den letzten Aufenthalt im Land der Tifosi wecken – dort, wo das Leben laut und herzlich ist.

Landwirtschaftliche Erzeugnisse wie Wein und Käse, aber auch Wurst und Schinken, die ausschließlich in ihrer Ursprungsregion hergestellt werden dürfen, sind mit „Denominazione di Origine Controllata" gekennzeichnet. Sie unterliegen einer strengen staatlichen Kontrolle, das Siegel DOC bürgt für traditionelle Herstellung und beste Qualität.

Gute, gehobene Küche ist die Domäne eines Ristorante. Oft wird hier nach traditionellen Rezepten gekocht, auf der Speisekarte finden sich saisonal wechselnde Spezialitäten der Region. Üblich ist, sich den Platz vom Kellner anweisen zu lassen – auch wenn Tische frei sind. Einem Gasthaus dagegen entspricht eine Trattoria. Die angebotenen Speisen sind ein Spiegel der Region. Manche Trattorien haben sich auf lokale Gerichte spezialisiert und stehen Restaurants nicht nach.

Eher in der Provinz ist die klassische Osteria zu finden, eine von Einheimischen frequentierte Kneipe, die auch Mahlzeiten anbietet. Hier gibt es einfache Speisen zum günstigen Preis. Mit den edlen Restaurants, die unter gleicher

Bezeichnung in Großstädten firmieren, haben die schlichten Wirtshäuser jedoch nichts gemein. Pizza wird fast nur in einer Pizzeria offeriert, wo sich das Angebot auch darauf beschränkt. Als verpönt gilt übrigens, zu einer Pizza Wein zu bestellen. Die Möglichkeit, wahlweise Pizza oder ein klassisches Menü zu bestellen, bietet eine Ristorante-Pizzeria, in der auch Primi und Secondi auf der Speisekarte stehen. Das Niveau der Speisen ist hier jedoch nicht so hoch angesiedelt wie in exklusiven Restaurants.

Ein Frühstück nach deutschen Maßstäben kommt nur in Teilen Norditaliens auf den Tisch. Vor allem in den Alpenprovinzen bestimmen Wurst, Schinken und Käse zusammen mit Landbrot die erste Mahlzeit des Tages. Landesweit üblich aber ist, den Morgenkaffee als Espresso oder Cappuccino in einer Bar einzunehmen. An der Theke stehend, mit einem Brioche in der Hand, lassen sich auch gleich die Ergebnisse des letzten Autorennens oder Fußballspiels diskutieren. In einer Bar kann man tagsüber auch den kleinen Hunger zwischendurch stillen. „Tramezzini", belegte Sandwiches in Dreiecksform, oder Pizzette gehören zum üblichen Angebot.

Sowohl zum Mittagessen als auch abends wird warm gegessen – und lange. Jeder Gang ist Grundlage für den nächsten und will genossen werden. Starter sind die Antipasti, kalte und warme Vorspeisen, die in Lokalen oft in einer eigenen Vitrine in Augenschein genommen werden können. Danach folgen die Primi, meist auf Pasta-Basis, als erster Gang. Als Tabu gilt, Spaghetti oder andere Pasta-Arten mit dem Messer zu zerschneiden. Ebenso ruinös für das Ansehen des Gastes ist der Verzehr von Pasta mit Gabel und Löffel. Nur mit der Gabel wird die Pasta aufgenommen, um am Tellerrand zu einem mundgerechten Happen gedreht zu werden. Dagegen ist es statthaft, sich beim Spaghetti-Essen weit über den Teller zu beugen, um die Kleidung nicht mit Sauce zu beflecken.

Als zweiter Hauptgang folgen die Secondi, meist Fisch oder Fleisch. Beilagen wie Salat oder Gemüse sind nicht enthalten und müssen gesondert geordert werden. Eine Käseplatte kann oft als Secondi bestellt werden, zu festlichen Anlässen wird sie als zusätzlicher Zwischengang eingeschoben. Den Abschluss bilden die Süßspeisen, die Dolci – Cremes oder Gebäck, aber auch frisches Obst, das mit Messer und Gabel verzehrt wird. Den Dolci folgt der Kaffee, sprich: der Espresso. Cappuccino wird nur vormittags, nicht aber nach dem Essen zu sich genommen. War das Mahl üppig, spricht nichts gegen „l'Ammazzacaffè" – wörtlich: der den Kaffee tötet. Meist handelt es sich bei dem Verdauungsschnaps um Grappa oder Sambuca.

Die Mengen der einzelnen Gänge sind überschaubar, erst die Kombination macht eine Mahlzeit vollständig. Hat man nur wenig Hunger, ist es legitim, die Primi auszulassen. Die alleinige Bestellung von Antipasti und Primi lässt jeden Kellner die Nase rümpfen, wogegen Antipasti und Secondi eine gängige Kombination darstellen. Ein Piatto unico, der als einziges Hauptgericht auch Beilagen und Salat enthält, findet man nur in Touristenlokalen. Doch wird dort selten italienisch gekocht.

Wie Essig und Öl sowie Pfeffer und Salz gehört selbstverständlich auch Brot auf den Tisch. Ein gut gefüllter Korb mit frisch geschnittenem Weißbrot wird spätestens zu den Antipasti gereicht. Je nach Region und der Qualität des Lokals erweitert sich das Angebot auf Landbrot oder Ciabatta. Üblich ist auch, eine Flasche Wasser auf dem Tisch zu platzieren. Meist „naturale", also ohne Kohlensäure – „frizzante" auf Wunsch, wenn es sprudeln soll. Berechnet wird das Acqua nur, wenn die Flasche angebrochen wird.

Die Coperta, die Gebühr für das Tischgedeck, ist auch heute noch in vielen Lokalen Bestandteil der Rechnung. Doch längst nicht mehr überall – Italien ist dabei, sich von einer nicht lieb, aber teuer gewordenen Tradition zu verabschieden. Getrennte Rechnungen werden vielerorts kategorisch abgelehnt. Gepflegter ist ein Bezahlen auf italienische Art: Nach dem gemeinsamen Essen wird die Rechnung durch die Zahl der Anwesenden geteilt.

Ein Trinkgeld ist nicht obligatorisch – ist doch der Aufschlag für den Service auf der Karte ausgewiesen. Wer sich der verstärkten Aufmerksamkeit der Bedienung auch für den nächsten Besuch versichern will, lässt jedoch dezent einen angemessenen Betrag zurück.
Die Rechnung dagegen darf man nicht zurücklassen, sie muss für die nächsten 200 Meter mitgeführt werden. Denn die Regeln der Finanzpolizei sind strikt: Eine Strafe droht sowohl dem Gast, der keinen Beleg vorweisen kann, als auch dem Gastronomen.

Essen ist ein wesentlicher Teil der Kultur und Lebensart auf der Apenninhalbinsel. Eine Reise durch Italien ist aber auch ein Streifzug durch eine gehobene Trinkkultur. Wein und Liköre, Grappa und Sambuca gehören zu einem Leben, in dem anhaltender Genuss das Ziel ist.

Antipasti

Antipasti sind mehr als bloße Vorspeisen. Als kleine Verführer geben sie der Mahlzeit eine erste Richtung. Salate sowie kalte und warme kleine Speisen zählen zu den Antipasti – eine Liste wäre schier unendlich und jeder Koch hat noch dazu seine eigenen Varianten.

Es gibt sieben Arten Antipasti, je nach Zutaten und Zubereitung, nämlich auf Fischbasis (*a base di pesce*, z.B. Meeresfrüchte oder Sardellen) oder Fleischbasis (*a base di carne*, z.B. Wurst, Schinken oder Fleisch), aber auch gefüllte oder in Salz (*sotto sale*), in Öl (*sott' olio*) oder in Essig (*sott' aceto*) eingelegte Gemüse. Weitere Antipasti sind Vorspeisen *a base di formaggio* (wie Mozarella oder Parmigiano) oder *a base di pane* (z. B. Crostini oder Bruschetta)

Schon die Namen der regionalen Spezialitäten zergehen auf der Zunge: Carpaccio oder Vitello tonnato aus dem Piemont, Prociutto e melone aus der Emilia Romagna, Focaccia aus Ligurien, Prosciutto e Fichi aus Friaul, Panzanella aus der Toskana oder Caprese aus Kampanien.

Wer vor der klassischen Glasvitrine steht, in der die Antipasti angepriesen werden, hat keine leichte Wahl. Dabei ist es gar nicht nötig, sich nur für eine Köstlichkeit zu entscheiden, denn Vorspeisenplatten beinhalten eine Auswahl mehrerer Spezialitäten. So sind Antipasti wie der erste Blick ins Paradies – sie machen Appetit auf mehr.

Focaccia alla romana

Für 1 Blech (15 Stücke)
450 g Hartweizenmehl
25 g Hefe
Salz
3 El Rosmarinnadeln
550 g rote und weiße Zwiebeln
2 El Olivenöl
4 Knoblauchzehen
1/2 Bund glatte Petersilie
150 g frisch geriebener Parmesan

Zubereitungszeit 40 Minuten (plus Ruhe-, Schmor- und Backzeit)
Pro Stück ca. 178 kcal/748 kJ
7 g E · 6 g F · 24 g KH

PIZZABROT ALLA ROMANA

Aus Mehl, Hefe, 300 ml warmem Wasser, Salz und der Hälfte der Rosmarinnadeln einen Hefeteig nach dem Rezept von Seite 143 herstellen und an einem warmen Ort gehen lassen.

Für den Belag die Zwiebeln schälen und in dünne Ringe schneiden. Das Olivenöl in einer Pfanne erhitzen und die Zwiebeln darin glasig dünsten. Den Knoblauch schälen und dazudrücken. Bei geschlossenem Deckel die Masse weitere 7 Minuten schmoren.

Den Backofen auf 200 °C (Umluft 180 °C) vorheizen. Den Teig auf einer bemehlten Arbeitsplatte etwa 0,5 cm dick ausrollen und auf ein gefettetes Backblech legen. Die gedünsteten Zwiebeln auf dem Teig verteilen.

Petersilie waschen, trockenschütteln und hacken. Mit dem restlichen Rosmarin auf den Zwiebeln verteilen und mit Käse bestreuen. Im Ofen etwa 20 Minuten backen. Anschließend in Quadrate schneiden und servieren.

Antipasti

Insalata di fagioli

Für 4 Portionen
1 Dose weiße Bohnen
(400 g)
1 Dose Thunfisch im eigenen
Saft (200 g)
1/2 Bund Frühlingszwiebeln
1/2 Bund glatte Petersilie
2 El Balsamico
8 El Olivenöl
Salz, Pfeffer

Zubereitungszeit 20 Minuten
(plus Zeit zum Ziehen)
Pro Portion ca. 662 kcal/2782 kJ
31 g E · 41 g F · 42 g KH

BOHNENSALAT MIT THUNFISCH

Die Bohnen in einem Sieb abtropfen lassen. Den Thunfisch ebenfalls abtropfen lassen. Die Frühlingszwiebeln putzen, waschen und in dünne Röllchen schneiden. Die Petersilie waschen, trockenschütteln und hacken.
Die Zutaten in einer Schüssel miteinander mischen. Den Thunfisch dabei mit einer Gabel zerpflücken. Aus Balsamico, Olivenöl, Salz und Pfeffer eine Salatsauce mischen und unter den Bohnensalat rühren. Den Salat anschließend 30 Minuten ziehen lassen.

Insalata di finocchi con aranci

Für 4 Portionen

2 Fenchelknollen
2 unbehandelte Orangen
1 1/2 El Weißweinessig
6 El Olivenöl
Salz
Pfeffer
1 El gehackte Walnüsse

Zubereitungszeit 30 Minuten
(plus Zeit zum Blanchieren)
Pro Portion ca. 302 kcal/1270 kJ
5 g E · 26 g F · 12 g KH

FENCHELSALAT MIT ORANGEN

Den Fenchel putzen, waschen und die äußeren Blätter entfernen. Das Fenchelgrün abschneiden und fein hacken. Die Fenchelknollen in dünne Streifen schneiden.

Die Orangen heiß abwaschen, schälen und die weißen Innenhäutchen mit einem Messer entfernen. Orangen filetieren, soweit vorhanden Kerne entfernen und den Saft auffangen. Schale von 1 Orange in dünne Streifen schneiden und in etwas kochendem Wasser etwa 4 Minuten blanchieren. Dann abgießen. Orangenfilets, Fenchelstreifen und Orangenschalen auf einem Teller anrichten.

Aus Orangensaft, Essig, Olivenöl, Salz und Pfeffer eine Salatsauce rühren und über den Salat geben. Zuletzt mit den gehackten Nüssen bestreuen. Mit Fenchelgrün dekorieren und servieren.

Rucola, in Deutschland auch als Rauke bekannt, stammt aus Asien und ist mit Senf und Rettich verwandt. Das merkt man sehr schnell, wenn man ihn isst: Sein scharfer, pfeffriger Geschmack – je jünger die Pflanzen, desto schärfer schmecken sie – ist nicht jedermanns Sache. Doch in Verbindung mit mildem Gemüse, wie Tomaten oder Bohnen, sorgt er für eine pikante Note. Auch als Zutat auf der Pizza oder in Verbindung mit gehobeltem Parmesan als Salat schmeckt Rucola köstlich.

Insalata di pomodori con la rucola

Für 4 Portionen
500 g reife Tomaten
2 Bund Rucola (Rauke)
1 Zwiebel
3 El Aceto Balsamico
6 El Olivenöl
Salz
Pfeffer
50 g Parmesan

Zubereitungszeit 20 Minuten
Pro Portion ca. 178 kcal/750 kJ
7 g E · 15 g F · 5 g KH

TOMATENSALAT MIT RUCOLA

Die Tomaten waschen, von den Stielansätzen befreien und in Scheiben schneiden. Den Rucola waschen, putzen, die dicken Stiele entfernen. Blätter in Streifen schneiden.
Die Zwiebel schälen und fein hacken.
Tomaten, Rucola und Zwiebeln auf Tellern anrichten.
Aus Aceto, Olivenöl, Salz und Pfeffer eine
Marinade rühren und über den Salat geben.
Nach Belieben Parmesan darüberhobeln.

Melanzane e funghi marinati

Für 4 Portionen
500 g kleine Auberginen
500 g Champignons
125 ml Olivenöl
6 Knoblauchzehen
Salz, Pfeffer
2 El frisch gehackte Petersilie
75 ml trockener Weißwein
Saft und Schale von
1 unbehandelten Zitrone
1/2 Bund Thymian

Zubereitungszeit 20 Minuten
(plus Marinier-, Back- und Schmorzeit)
Pro Portion ca. 110 kcal/461 kJ
9 g E · 1 g F · 13 g KH

MARINIERTE AUBERGINEN UND PILZE

Den Backofen auf 200 °C (Umluft 180 °C) vorheizen. Die Auberginen putzen, waschen und in Scheiben schneiden. Die Pilze putzen und gründlich waschen.

Eine Auflaufform mit 3 El Olivenöl ausstreichen. Die Auberginenscheiben in die Auflaufform legen. 4 Knoblauchzehen schälen und hacken. Über die Auberginen streuen und mit 5 El Olivenöl bedecken. Mit Salz und Pfeffer würzen und im Ofen etwa 35 Minuten backen. Danach mit Petersilie mischen und mindestens 1 Stunde ziehen lassen.

3 El Olivenöl in einer Pfanne erhitzen und die Pilze darin gut anschmoren. Restliche Knoblauchzehen schälen und hacken. Mit Wein, Zitronensaft und -schale zu den Pilzen geben und mitschmoren. Thymian waschen, trockenschütteln und im Ganzen in die Pfanne legen. Mit Salz und Pfeffer würzen. Pilze vom Herd nehmen und mindestens 2 Stunden ziehen lassen.

SO FING ES AN

Carpaccio aus dünn geschnittenem rohem Rinderfilet, mit einer Marinade aus Senf, Tomatenmark und Gewürzen überzogen, soll zum ersten Mal in der legendären „Harry's Bar" in Venedig auf den Tisch gekommen sein. Giuseppe Cipriani, der Inhaber dieser Bar, erschuf es in den 30er-Jahren in Anlehnung an einen venezianischen Maler des 16. Jh., Vittore Carpaccio, weil der vorwiegend in Rot- und Rosatönen malte. Daher wird in Venedig das Gericht noch heute mit der Sauce aus Mayonnaise und Tomatenmark serviert.

DAS WORT CARPACCIO …

wird mittlerweile in der gesamten kulinarischen Welt für hauchdünn geschnittenes Fleisch, Fischfilet oder sogar Gemüse verwendet. Sehr beliebt ist zum Beispiel auch Thunfisch-Carpaccio. Die Zubereitungsarten variieren regional. So serviert man Carpaccio in Alba mit Stangensellerie und Spargelspitzen und hobelt zusätzlich weiße Trüffel darüber. In anderen Regionen kommen Rucola oder Basilikum als Gemüse dazu, während man in der Emilia Romagna statt Zitronensaft Aceto Balsamico für die Marinade verwendet.

Carpaccio

Für 4 Portionen
300 g Rinderfilet
ohne Fett und Sehnen
1 Stangensellerie
2 El Zitronensaft
6 El Olivenöl
Salz
Pfeffer
50 g Parmesan oder
Grana Padano

Zubereitungszeit 20 Minuten
(plus Gefrier- und Marinierzeit)
Pro Portion ca. 260 kcal/1092 kJ
19 g E · 19 g F · 2 g KH

CARPACCIO

Das Rinderfilet für ca. 1 Stunde in das Tiefkühlfach legen, bis es leicht angefroren ist. Dann in hauchdünne Scheiben schneiden. Den Stangensellerie putzen, waschen und den oberen Teil fein würfeln. Zitronensaft mit Olivenöl und Salz mischen und zu einer cremigen Sauce verrühren.
Die Filetscheiben auf einen Teller legen und mit frisch gemahlenem Pfeffer bestreuen. Dann die Sauce darüberträufeln.
Das Carpaccio etwa 30 Minuten durchziehen lassen. Währenddessen mit Folie abdecken. Dann den Käse darüberhobeln und die Selleriewürfel dazugeben.

Am besten schmeckt Bruschetta, wenn die gerösteten Brotscheiben mit ganz jungem, frischem Olivenöl beträufelt werden. Ursprünglich aß man das Brot nur mit Knoblauch und etwas Öl als Snack. Mit der Tomatenmischung wird daraus schon eine leichte Mahlzeit. In der Toskana nennt man die Bruschetta auch „fettunta" oder „panunto", was so viel heißt wie „eingefettetes Brot". Dazu nimmt man ungesalzenes Brot, das „pane sciocco".

Bruschetta

Für 4 Portionen

2 Knoblauchzehen
2 Fleischtomaten
Salz
Pfeffer
1/2 Bund Basilikum
8 Scheiben Weißbrot oder Baguette
6 El Olivenöl

Zubereitungszeit 25 Minuten (plus Backzeit)
Pro Portion ca. 178 kcal/749 kJ
3 g E · 10 g F · 20 g KH

BRUSCHETTA

Den Backofengrill auf 200 °C vorheizen. Die Knoblauchzehen schälen. Die Fleischtomaten waschen, halbieren, von Stielansätzen und Kernen befreien und in kleine Würfel schneiden.

Die Tomatenwürfel mit Salz und Pfeffer würzen. Das Basilikum waschen, trockenschütteln und die Blättchen von den Stängeln zupfen. Blättchen in Streifen schneiden und mit den Tomatenwürfeln mischen.

Die Brotscheiben im Ofen unter dem Grill von beiden Seiten goldbraun backen. Dann herausnehmen und mit den Knoblauchzehen gut einreiben. Das Olivenöl über die Brote träufeln und die Tomatenmasse darauf verteilen.

Carciofi

ARTISCHOCKEN MIT ZITRONENMAYONNAISE

Für 4 Portionen
8 kleine Artischocken
6 El Limettensaft
Salz
1 Eigelb
125 ml Olivenöl
4 El Zitronensaft
100 g Naturjoghurt
Pfeffer

Zubereitungszeit 30 Minuten
(plus Garzeit)
Pro Portion ca. 405 kcal/1701 kJ
9 g E · 34 g F · 15 g KH

Die Artischocken von den äußeren harten Blättern befreien, den Stiel kürzen und die Blattspitzen abschneiden (am besten mit einer Schere). 4 El Limettensaft in 1 l Wasser geben und die Artischocken hineinlegen.

In einem großen Topf 1,5 l Wasser mit restlichem Limettensaft und etwas Salz aufkochen und die Artischocken darin etwa 15 Minuten bei mittlerer Temperatur garen.

Für die Mayonnaise das Eigelb in einer Schüssel verquirlen, ein Achtel des Olivenöls tropfenweise zugeben und sämig unterrühren. Dann 1 Tl Zitronensaft und ein weiteres Achtel Olivenöl einrühren. Diesen Vorgang wiederholen, bis Öl und Zitronensaft aufgebraucht sind.

Den Joghurt glatt rühren und esslöffelweise mit der Mayonnaise mischen. Mit Salz und Pfeffer abschmecken. Mayonnaise kühl stellen.

Die Artischocken abgießen, in einem Sieb abtropfen lassen. Auf vier Tellern anrichten und mit Zitronenmayonnaise servieren.

Prosciutto

Damals wie heute werden Delikatessen wie italienischer Schinken nur aus ausgesuchtem Fleisch bester Qualität hergestellt. Nur schwere Schweine mit einem mittleren Schlachtgewicht von ca. 160 Kilo genügen nach einer Mastzeit von mindestens zehn Monaten den Anforderungen. Diese Faktoren sowie eine Fütterung mit Maismehl, Gerste, Soja, Kleie und Molke garantieren reifes und festes Fleisch. Mit großem handwerklichem Können und sehr viel Geduld bereiten wahre Meister ihres Fachs Schinken- und Wurstwaren-Spezialitäten nach uralten Verfahren und Rezepten zu, deren Einhaltung gesetzlich garantiert und kontrolliert wird.

Die Welt des Prosciutto ist vielfältig und für Genießer gemacht. Der wohl bekannteste Schinken Italiens wird in der Provinz Parma hergestellt. Ursprungsort ist Langhirano am Fluss Parma, in dem auch heute ein Großteil der Schinken produziert wird. Das Geheimnis des erstklassigen Produkts liegt zum Teil in der Art des Futters, das aus verschiedenen Getreidesorten, Molke und Maronen besteht. Nach dem Pökeln reift der Schinken mindestens ein Jahr lang an der milden Luft bei geringer Feuchtigkeit zu einer Köstlichkeit von mild-würzigem Geschmack, von rosaroter Farbe und feiner Fettmaserung; die Konsistenz ist mürbe. Echten Parmaschinken erkennt man an der fünfzackigen Krone mit dem Schriftzug PARMA, die auf der Schwarte eingebrannt ist.

Nicht ganz so bekannt, doch ebenfalls erstklassig ist der Schinken aus Modena. Wie seine Verwandten aus anderen Landesteilen wird er als Antipasto gereicht – es bedarf nur hauchdünner Scheiben, um den vollen Geschmack zu genießen. Dabei spricht nichts dagegen, luftgetrockneten Schinken mit Melone, Datteln oder Pflaumen zu genießen. In der Emilia Romagna wird er auch mit gehackten und fein gewürzten Tomaten und Basikum zubereitet.

Andere Regionen Italiens können ebenso exzellenten Schinken vorweisen. So ist San Daniele einer der besten Schinken aus dem Friaul nahe der istrischen Grenze. Aus dem Fleisch schwarzer Schweine stammend, ist der mild gewürzte Rohschinken eine Delikatesse, der man sich nur schwer entziehen kann. Der Legende nach ließ Napoleon die Stadt einst plündern – nur des milden und zarten Schinkens wegen.

Der König der Schinken aber ist der Culatello di Zibello, für den von der Keule nur das Kernstück mit dem zartesten und feinsten Muskelfleisch verwendet wird. Nach dem Einlegen in Salzlake reibt man ihn mit Kräutern ein, deren Zusammenstellung ein gut gehütetes Geheimnis ist. Mindestens 18 Monate lang reift der Schinken in der neblig-feuchten Luft der Po-Ebene. In dieser Zeit wird er von Edelschimmel überzogen, der für den typischen Geschmack unerlässlich ist. Auf traditionelle Art hergestellten Culatello findet man nur in dem Gebiet von Bassa Parmese.

Gekochter Schinken ist zwar weit verbreitet, kann mit den luftgetrockneten oder geräucherten Pendants aber kaum mithalten. Ohne ihn jedoch wäre die italienische Küche deutlich ärmer. Man denke an die Spaghetti carbonara, deren Grundrezept eindeutig Kochschinken und durchwachsenen Speck vorsieht.

Purer Genuss allerdings sind geräucherte Schinken, die sich durch ihren kräftigen Geschmack auszeichnen. In der Toskana besticht der Casentino-Schinken, welcher mit Wacholder geräuchert wird. Südtiroler Speck zählt ebenfalls dazu – er wird vor dem Räuchern mit Alpenkräutern und Salz gepökelt. Im Friaul sollte man den mageren Sauris kosten, der mit seinem kernigen Geschmack erfreut.

Zu den absoluten Raritäten gehört Schinken vom Wildschwein; in der Toskana wird er in Lorbeer und Wacholder eingelegt. Lokal verbreiteter ist der Prosciutto sardo – auch Prosciutto cinghiale genannt, der geräucherte Wildschweinschinken Sardiniens. Vom Rind dagegen stammt die Bresàola aus dem Veltlin, für die nicht die Keule, sondern der Nacken verwendet wird. Ihr Geschmack ist feiner als der des schweizerischen Bündnerfleischs, das bei der Herstellung einst Pate stand. In den Alpen kommt Bresàola bevorzugt mit Öl, Pfeffer und Zitrone auf den Tisch.

Magerer Schweinenacken reift in einem weingetränkten Tuch zur Coppa, genau genommen also kein Schinken, jedoch ähnlich im Geschmack.

Nicht nur gerühmt, sondern gar gefeiert wird der Jambon des Bosses, der in 1600 Metern Höhe im Aosta-Tal produziert wird. Der mit Kräutern gewürzte Schinken wurde schon im 14. Jahrhundert urkundlich erwähnt. Einmal im Jahr halten die Bewohner im Tal des Großen St. Bernhard ein Fest zu Ehren ihres Schinkens ab – Verkostung inklusive.

Prosciutto e melone

PARMASCHINKEN MIT MELONE

Für 4 Portionen
1 Honigmelone
125 g Parmaschinken
in dünnen Scheiben
2 Tomaten
1/2 Bund glatte Petersilie
1/2 Bund Basilikum
100 ml Olivenöl
50 ml Weinessig
Salz, Pfeffer

Zubereitungszeit 30 Minuten
Pro Portion ca. 347 kcal/
1459 kJ
18 g E · 38 g F · 5 g KH

Die Melone halbieren, die Kerne mit einem Löffel entfernen, die Melone schälen und in dünne Spalten schneiden. Melonenspalten und Schinkenscheiben dekorativ auf Tellern anrichten. Die Tomaten heiß überbrühen, häuten und von den Stielansätzen befreien. Tomaten entkernen und fein würfeln. Die Kräuter waschen, trockenschütteln, Basilikum von den Stängeln zupfen und alles hacken.
Olivenöl mit Essig, Tomaten und Kräutern zu einer Marinade verrühren, mit Salz und Pfeffer abschmecken.
Marinade über den Schinken geben und servieren.

Parmaschinken zeichnet sich durch einen unverkennbaren Geschmack aus. Man führt ihn auf die gesunde Haltung der Schweine zurück, die ausschließlich mit Molke, Getreide und Maronen ernährt werden, das fachgerechte Einsalzen der Keule mit Meersalz und die ausreichende Reifezeit (mindestens 12 Monate), während der der Schinken regelmäßig überprüft wird.

Vitello tonnato

KALBFLEISCH MIT THUNFISCHSAUCE

Für 4 Portionen
1 Möhre, 1 Stangensellerie
1 Stange Porree
1 Knoblauchzehe
500 g Kalbsnuss
250 ml Weißwein
250 ml Fleischbrühe
1 El Weinessig
1 Lorbeerblatt, 3 Pfefferkörner
100 g Thunfisch (aus der Dose)
2 Sardellenfilets (aus dem Glas)
1 El Zitronensaft
75 g Mayonnaise, 1 El Kapern

Zubereitungszeit 35 Minuten (plus Garzeit und Zeit zum Abkühlen)
Pro Portion ca. 303 kcal/1271 kJ
34 g E · 16 g F · 4 g KH

Die Möhre schälen, Sellerie und Porree putzen, gründlich waschen. Das Gemüse klein schneiden. Den Knoblauch schälen und grob zerkleinern.

Das Fleisch waschen. Wein, Brühe und Essig in einem Topf erwärmen und das Fleisch mit dem Gemüse, dem Knoblauch, Lorbeer, Pfefferkörnern und Salz darin etwa 45 Minuten garen. Im Kochsud abkühlen lassen.

Thunfisch und Sardellen abgießen und abtropfen lassen. Den Thunfisch im Mixer mit 3 El Kochsud pürieren, die Sardellen ganz fein hacken. 125 ml Fleischkochsud mit Zitronensaft und Mayonnaise sämig verrühren. Thunfischpüree und Sardellen zugeben und alles glatt rühren. Mit Salz und Pfeffer abschmecken und die Kapern unterheben.

Das Fleisch aus der Brühe nehmen, abtropfen lassen und in dünne Scheiben schneiden. Die Fleischscheiben mit der Thunfisch-Kapern-Sauce kalt als Vorspeise servieren.

Crostini

Für 4 Portionen
150 g Hühnerleber
1 Scheibe roher Schinken, luftgetrocknet
1/2 Zwiebel
4 Salbeiblätter
4 El Olivenöl
2 El trockener Weißwein
Salz, Pfeffer
8 Scheiben Weißbrot

Zubereitungszeit 15 Minuten (plus Schmor- und Röstzeit)
Pro Portion ca. 252 kcal/1060 kJ
10 g E · 14 g F · 16 g KH

CROSTINI MIT HÜHNERLEBER

Die Hühnerleber fein hacken. Den Schinken in feine Würfel schneiden. Die Zwiebel fein hacken. Die Salbeiblätter waschen, trockenschütteln und in feine Streifen schneiden.

1 El Olivenöl in einer Pfanne erhitzen und die Zwiebel darin andünsten. Leber mit dem Schinken und den Salbeistreifen zugeben und anbraten. Bei mittlerer Temperatur etwa 8 Minuten schmoren. Wein zugeben und alles noch einige Minuten weiterschmoren, bis die Flüssigkeit verkocht ist. Mit Salz und Pfeffer abschmecken.

Das restliche Olivenöl in einer zweiten Pfanne erhitzen und die Brotscheiben darin von beiden Seiten knusprig rösten. Das Brot mit der Leberfarce bestreichen und servieren.

Sarde sott'olio

Für 4 Portionen
600 g Sardinen
4 Zitronen
2 El Öl
Salz
Pfeffer
2 El frisch gehackte Petersilie

Zubereitungszeit 30 Minuten
(plus Zeit zum Marinieren)
Pro Portion ca. 263 kcal/1103 kJ
30 g E · 9 g F · 11 g KH

MARINIERTE SARDINENFILETS

Die Fische waschen, schuppen, Kopf und Schwanz entfernen. Die Hauptgräte vorsichtig herauslösen, dann die Fischfilets mit einem scharfen Messer herausschneiden. Die Filets gut waschen, trockentupfen und auf einer Platte anrichten.

Die Zitronen auspressen und den Saft über die Sardinen gießen. Filets mit Folie abdecken und mindestens 12 Stunden marinieren lassen.

Das Öl mit etwas Salz und Pfeffer in einem Schälchen mischen und gut verrühren. Die Sardinen aus dem Zitronensaft nehmen und auf einer Servierplatte anrichten. Mit der Ölmischung beträufeln. Mit der Petersilie bestreuen und servieren. Dazu frisches Weißbrot reichen.

Antipasti

Dieser köstliche Salat aus den Früchten des Meeres wird je nach Region unterschiedlich zubereitet. Immer wird allerdings reichlich Zitronensaft und ausschließlich gutes Olivenöl dazu verwendet.
Je weiter man nach Süden kommt, desto schärfer werden die beigefügten Gewürze. Diese Variante aus der Gegend um Neapel ist noch nicht sehr scharf.

Insalata ai frutti di mare

Für 4 Portionen
700 g Miesmuscheln
350 g Venusmuscheln
350 g kleine Tintenfische
175 g rohe Garnelen
100 ml trockener Weißwein
Saft von 1 1/2 Zitronen
Salz
1 Knoblauchzehe
1 Tl Senf
Pfeffer
3 El Olivenöl
1 Stange Staudensellerie
1/2 Bund glatte Petersilie

Zubereitungszeit 45 Minuten
(plus Koch- und -Marinierzeit)
Pro Portion ca. 450 kcal/1890 kJ
32 g E · 27 g F · 19 g KH

MEERESFRÜCHTESALAT

Die Muscheln gründlich unter Wasser bürsten, geöffnete Muscheln entfernen. Tintenfische waschen und in Ringe schneiden. Garnelen aus den Schalen brechen und den Darm entfernen.
In einem großen Topf 500 ml Wasser mit dem Wein, 1 El Zitronensaft und etwas Salz aufkochen. Die Tintenfische darin 2 Minuten abgedeckt köcheln. Mit einem Schaumlöffel herausnehmen und abtropfen lassen.
Garnelen etwa 1 Minute im heißen Wasser ziehen lassen, dann mit den Tintenfischen in eine Schüssel geben. Venus- und Miesmuscheln je 3 Minuten kochen, dabei gut schütteln, damit alle Muscheln aufgehen. Muscheln abgießen, geschlossene Exemplare entsorgen. Restliche Muscheln aus der Schale lösen und zu den Meeresfrüchten geben.
Knoblauchzehe schälen und fein hacken. Senf mit restlichem Zitronensaft, Salz, Pfeffer und dem Olivenöl gut verrühren. Knoblauch und Marinade über die Meeresfrüchte geben, gut untermischen und den Salat mindestens 6 Stunden ziehen lassen.
Den Sellerie putzen, waschen und in feine Ringe schneiden. Petersilie waschen, trockenschütteln und fein hacken. Unter den Salat heben und servieren.

Lumache ripiene

GEFÜLLTE SCHNECKEN

Für 4 Portionen
24 Weinbergschnecken
mit Haus (aus dem Glas)
1 Zwiebel
2 Knoblauchzehen
4 Tomaten
1 rote Chilischote
4 El Olivenöl
1/2 Bund Minze
1/2 Tl Salz, Pfeffer
Saft von 1 Zitrone
125 g Paniermehl

Zubereitungszeit 30 Minuten
(plus Schmor- und Backzeit)
Pro Portion ca. 380 kcal/1596 kJ
43 g E · 8 g F · 33 g KH

Die Schnecken aus den Häusern nehmen und in einem Sieb abtropfen lassen. Die Zwiebel und die Knoblauchzehen schälen und fein hacken. Die Tomaten heiß überbrühen, von Haut, Kernen und Stielansatz befreien und das Fruchtfleisch in kleine Würfel schneiden. Die Chilischote putzen, waschen, entkernen und fein hacken.
Den Backofengrill auf 220 °C vorheizen. Das Olivenöl in einer Pfanne erhitzen, Zwiebeln und Knoblauch darin andünsten. Tomatenwürfel und Chili zugeben und alles etwa 3 Minuten dünsten.
Minze waschen, trockenschütteln und die Blättchen abzupfen. Minzeblätter fein hacken und unter die Pfannenmischung rühren. Sauce mit Salz, Pfeffer und Zitronensaft abschmecken.
Die Tomatensauce über die Schnecken verteilen und mit Paniermehl bestreuen. Schnecken mit der Sauce in die Häuser füllen. Unter dem heißen Grill etwa 15–20 Minuten backen, bis das Paniermehl goldbraun ist.

Antipasti

Caprese

Für 4 Portionen
4 große Tomaten
300 g Büffelmozzarella
1 Bund Basilikum
Salz, Pfeffer
6 El Olivenöl

Zubereitungszeit 20 Minuten
Pro Portion ca. 370 kcal/1554 kJ
15 g E · 33 g F · 3 g KH

TOMATEN-MOZZARELLA-SALAT

Die Tomaten waschen, die Stielansätze entfernen und die Tomaten in Scheiben schneiden.
Den Mozzarella abtropfen lassen und ebenfalls in Scheiben schneiden. Das Basilikum waschen, trockenschütteln und die Blättchen von den Stängeln zupfen. Tomaten und Mozzarella abwechselnd auf einer großen Platte anrichten und die Mozzarellascheiben je mit einem Basilikumblatt belegen.
Den Salat mit Salz und frisch gemahlenem schwarzem Pfeffer würzen. Das Olivenöl darüberträufeln.

Echter Insalata Caprese muss unbedingt mit Büffelmozzarella (mozzarella di bufala) zubereitet werden. Er wird aus der Milch der schwarzen Wasserbüffel, die in der Ebene von Volturno in Kampanien weiden, hergestellt. Der typische, leicht Fäden ziehende weiße Käse ist leicht verderblich und sollte frisch gegessen werden. Zum Aufbewahren wird er in Salzlake eingelegt.

Formaggio

Italien ist das älteste Käseland Europas und früh wurden für italienische Produkte Qualitätsgarantien und Gütesiegel eingeführt, wie 1951 die DOC-Gesetzgebung. Eine italienische Käseplatte bietet nicht die üppige Auswahl einer französischen – doch wie so oft in der Küche Italiens geht es auch hier eher um Qualität als um die Menge. Von den mehr als 400 Käsesorten Italiens gehört die Hälfte zu den traditionellen Produkten. Etwa 30 Käse sind mit einer geschützten Ursprungsbezeichnung versehen, der „Denominazione d'Origine Protetta" (DOP), welche die Erlesenheit und Qualität der Produkte schützt.

Eine besondere Vorliebe hat sich seit der Römerzeit für – haltbaren – harten, trockenen Käse entwickelt. Parmigiano Reggiano, in Deutschland oft schlicht als Parmesan bezeichnet, ist aus der italienischen Küche nicht wegzudenken und wird seit 700 Jahren nach traditionellen Rezepten hergestellt. Dabei ist der intensiv würzige und gehaltvolle Parmesan weit davon entfernt, ein Allerweltskäse zu sein. Seine Zubereitung erfolgt nach strengen Richtlinien. Parmigiano Reggiano (DOC) stammt aus der Emilia Romagna und dort aus der Umgebung um die norditalienischen Städte Parma und Bologna. Monat und Jahrgang der Herstellung werden in die Rinde eingestanzt, der König des italienischen Käses ist nur echt mit dem Gütesiegel des Konsortiums, das über die Qualität wacht.

Nur die milden bis mittleren Sorten verwendet man gerieben zum Bestreuen von Pasta. Der vollreife Parmesan wird mit einem Spezialmesser geteilt bzw. gebrochen und pur zu einem guten Glas Rotwein verzehrt oder in ganz feinen Scheiben dem Carpaccio zugefügt. Der „echte" Parmesan wird oft verwechselt mit dem milderen, aber genauso verbreiteten Grana Padano aus der Po-Ebene.

Eine Pizza, auf traditionelle Art gebacken, kommt kaum ohne Mozzarella aus. Ein Insalata Caprese wäre ohne ihn nur Tomatensalat. Meist wird die einfache Machart aus Kuhmilch für die Zubereitung kalter und warmer Gerichte verwendet. Eine Freude für Feinschmecker aber ist der ursprüngliche Mozzarella aus fettreicher Büffelmilch, wie er seit Jahrhunderten in Kampanien hergestellt wird. Mozarella di bufala wird komplett aus der vollen Milch der schwarzen Wasserbüffel aus der Ebene von Volturno hergestellt. Er schmeckt köstlich nach frischer Milch, ist leicht verderblich und wird zum Aufbewahren in Salzlake eingelegt. Es gibt ihn in unterschiedlichen Formen und Größen, auch zum Zopf geflochten.

Sardinien ist die größte Schafzuchtregion Italiens. Von hier kommt der Pecorino Sardo, der würzige sardische Schafskäse. Sein Gegenstück auf dem Festland, der Pecorino Romano, stammt aus dem Latium. Pfefferkörner bestimmen das Aroma des Pecorino Siziliano, der vorzügliche Hartkäse Siziliens. Dagegen kommt der Pecorino Toscano sehr mild, fast süßlich, daher. In Rom empfiehlt sich darüber hinaus der Griff zum Caciotta, einem jungen, weichen Schafskäse.

Jede Region hat ihre eigenen Käsesorten und viele sind es wert, probiert zu werden: Der pikante Taleggio aus der Gegend von Bergamo zum Beispiel. Oder der Asiago aus Venetien, der frisch als Asiago pressato und gereift als Asiago d'allevo angeboten wird. Nicht zu vergessen einer der großen Klassiker des italienischen Käsesortiments: der Gorgonzola mit seinem zarten Blauschimmel und der feinwürzigen Note. Roh, doch auch als Bestandteil von Saucen, ist der mild-cremige Käse aus der Lombardei und dem Piemont ein Genuss.

Zum Überbacken von Gratins und Aufläufen empfiehlt sich der Fontina aus dem Aosta-Tal. Dort bereitet man aus ihm auch italienisches Fondue zu, das mit weißen Trüffeln bestreut und mit dem Löffel verzehrt wird. Oder wie wäre es mit einer herzhaften Torta al formaggio e prosciutto, einer Spezialität Kalabriens? Zubereitet aus dem mild-pikanten Caciocavallo – einem nahen Verwandten des Mozzarella – sowie Ricotta.

Letzterer übrigens ist in mehreren Varianten erhältlich: Der Ricotta gentile besteht aus der Molke, die bei der Herstellung von Pecora anfällt. Beim Ricotta forte wird auch Kuhmolke verwendet. Sehr pikant ist der Ricotta salate, der erst die Käserei verlässt, wenn er lange gereift ist. Auch der geräucherte Ricotta affumicata mit seinem herb-würzigen Geschmack ist auf mancher Speisekarte zu finden.

Provolone ist ein halbfester Kuhmilchkäse, der vorwiegend aus der Lombardei kommt. Provolone dolce ist mild, pikanter Provolone reift bis zu 2 Jahren, es gibt ihn auch geräuchert. Älterer Provolone ist auch zum Reiben geeignet.

Und natürlich lassen sich aus Käse auch hervorragende Dolci zubereiten. Mascarpone, der mild-cremige Frischkäse, bietet eine ideale Grundlage – zum Beispiel für Tiramisu. Mascarpone aus dem Rahm, welcher der Milch bei der Käsezubereitung abgeschöpft wird, ist zart und cremig.

Darüber hinaus gibt es noch unzählige, oft nur regional bekannte, aber dennoch ebenso köstliche Käsesorten, die man am besten einfach probiert.

Minestrone

Für 4 Portionen
50 g frische dicke Bohnen (ohne Hülsen)
150 g frische Erbsen (ohne Hülsen)
200 g Möhren
200 g Zucchini
1 Zwiebel
200 g Kartoffeln
1 Stange Porree
1 Stange Staudensellerie
200 g Wirsing
50 g Bauchspeck
3 El Butter
200 g geschälte Tomaten (aus der Dose)
Salz
200 g Reis
1 Knoblauchzehe
1 El gehackte Petersilie
1 El gehackter Oregano
frisch geriebener Parmesan nach Geschmack

Zubereitungszeit 50 Minuten (plus Garzeit)
Pro Portion ca. 725 kcal/ 3045 kJ
16 g E · 46 g F · 62 g KH

GEMÜSESUPPE

Das Gemüse putzen, waschen und klein schneiden. Die Zwiebel und die Kartoffeln schälen und würfeln. Den Porree in Ringe schneiden. Den Wirsing in Blätter teilen und diese in Stücke schneiden. Den Bauchspeck in Scheiben und anschließend in kleine Würfel schneiden.

Die Butter in einem großen Topf erhitzen und die Speckwürfel darin auslassen. Zwiebel und Porree zugeben und einige Minuten dünsten. Restliches Gemüse, Bohnen, Erbsen und Tomaten aus der Dose mit Flüssigkeit zugeben. Alles mit Salz und Pfeffer würzen und unter Rühren etwa 5 Minuten schmoren.

Die Mischung mit 2 l Wasser auffüllen, aufkochen lassen und abgedeckt etwa 45 Minuten köcheln lassen. Nun die Suppe aufkochen und den Reis unterrühren. Suppe erneut aufkochen und anschließend weitere 15 Minuten köcheln, bis der Reis gar ist. Knoblauch schälen, fein hacken und zugeben. Minestrone auf Teller verteilen und mit den Kräutern und geriebenem Parmesan bestreuen.

Zuppa di zucchini

ZUCCHINI-CREMESUPPE

Für 4 Portionen
500 g Zucchini
1 Zwiebel
1 Knoblauchzehe
2 El Olivenöl
600 ml Gemüsebrühe
Salz, Pfeffer
1/4 Tl Cayennepfeffer
50 ml trockener Weißwein
150 g Sahne
2 El Basilikumblättchen

Zubereitungszeit 25 Minuten
(plus Garzeit)
Pro Portion ca. 310 kcal/1302 kJ
8 g E · 22 g F · 19 g KH

Die Zucchini putzen, waschen und grob zerkleinern. Zwiebel und Knoblauch schälen und fein hacken. Das Olivenöl in einem Topf erhitzen und die Zwiebeln darin andünsten. Knoblauch und Zucchini zugeben und alles etwa 3 Minuten unter Rühren dünsten. Mit Brühe auffüllen und mit Salz, Pfeffer und Cayennepfeffer würzen. Abgedeckt etwa 25 Minuten köcheln, dann Wein und Sahne zugeben, kurz aufkochen lassen und die Suppe pürieren. Die Basilikumblättchen waschen, trocknen und in feine Streifen schneiden. Die Suppe auf Teller verteilen und mit Basilikum bestreut servieren.

Zuppa di cipolle

ZWIEBELSUPPE

Für 4 Portionen
500 g Frühlingszwiebeln
1 rote Chilischote
2 Knoblauchzehen
3 El Butterschmalz
Salz
250 ml trockener Weißwein
750 ml Gemüsebrühe
Pfeffer
1 Prise Zucker
2 El frisch gehackter Majoran
3 Scheiben Weißbrot
3 El Olivenöl
4 El frisch geriebener Pecorino

Zubereitungszeit 25 Minuten
(plus Schmor- und Garzeit)
Pro Portion ca. 488 kcal/
2048 kJ
9 g E · 37 g F · 19 g KH

Die Frühlingszwiebeln putzen, waschen und in Ringe schneiden. Die Chilischote putzen, waschen, entkernen und fein hacken. Knoblauch schälen und mit etwas Salz zerdrücken.

Das Butterschmalz in einem großen Topf erhitzen und die Zwiebeln darin andünsten. Chili und Knoblauch zugeben und alles etwa 5 Minuten unter Rühren schmoren. Weißwein und Brühe angießen und mit Salz, Pfeffer und Zucker abschmecken.

Den Majoran in die Suppe rühren und diese abgedeckt etwa 15–20 Minuten köcheln.

Das Weißbrot in Würfel schneiden und im heißen Olivenöl goldbraun rösten.

Die Zwiebelsuppe auf 4 Teller verteilen und mit den Brotwürfeln und geriebenem Pecorino bestreut servieren.

Zuppa di cozze

MUSCHELSUPPE

Für 4 Portionen
1,5 kg Miesmuscheln
2 Zwiebeln
1 Bund Suppengrün
250 ml trockener Weißwein
1 l Hühnerbrühe
2 Lorbeerblätter
4 Wacholderbeeren
5 Pfefferkörner
Salz, Pfeffer, Zucker
30 g Butter
3 El Mehl,
Worcestersauce
Saft von 1 Zitrone
2 Eigelb
200 g Sahne
1/2 Bund glatte Petersilie

Zubereitungszeit 40 Minuten
(plus Kochzeit)
Pro Portion ca. 1195 kcal/ 5019 kJ
97 g E · 36 g F · 106 g KH

Muscheln säubern. Geöffnete Muscheln entsorgen. Zwiebeln schälen und achteln, das Suppengrün putzen, waschen und klein schneiden.

In einem großen Topf Weißwein und Brühe erhitzen. Zwiebeln, Suppengrün, Lorbeer, Wacholder und Pfefferkörner zugeben und alles etwa 15 Minuten köcheln. Den Sud mit Salz, Pfeffer und etwas Zucker würzen.

Muscheln in den Sud geben und 10 Minuten darin köcheln, dabei umrühren, damit alle Muscheln sich öffnen. Muscheln abgießen, den Sud auffangen und durchsieben. Muscheln aus den Schalen lösen. Geschlossene Muscheln entsorgen.

Butter in einem Topf schmelzen, das Mehl zugeben und unter Rühren eine Mehlschwitze herstellen. 750 ml des Kochsuds zugießen, aufkochen und glatt rühren, bis die Suppe andickt. Suppe mit Worcestersauce, Salz, Pfeffer und Zitronensaft abschmecken. Muschelfleisch in die Suppe geben.

Eigelb mit Sahne verquirlen und die Suppe damit legieren. Petersilie waschen, trockenschütteln und hacken. Suppe damit bestreuen und servieren.

Für eine italienische Tomatensuppe wählt man unter den zahlreichen Tomatensorten am besten saftige, reife der Sorte Roma oder Ramato. Wenn sie nicht erhältlich sind, tun es auch die länglichen Eiertomaten oder die gewichtigen Gemüsetomaten. Die farbliche und geschmackliche Abrundung liefert frisches Basilikum.

Zuppa di pomodoro

TOMATENSUPPE

Für 4 Portionen

800 g reife Tomaten
2 Zwiebeln
2 El Butter
250 ml Gemüsebrühe
1 Prise Zucker
Salz
2 El Grappa
4 El Sahne
1 Handvoll Basilikumblätter

Zubereitungszeit 30 Minuten
(plus Schmor- und Garzeit)
Pro Portion ca. 252 kcal/1060 kJ
4 g E · 20 g F · 11 g KH

Die Tomaten kreuzweise einschneiden, heiß überbrühen, häuten und von Stielansätzen und Kernen befreien. Tomaten klein schneiden. Die Zwiebeln schälen und hacken.

Die Butter in einem Topf schmelzen und die Zwiebeln darin andünsten. Tomaten zugeben und unter mehrmaligem Rühren etwa 30 Minuten bei mittlerer Temperatur schmoren, bis ein dickes Mus entstanden ist.

Mit der Brühe auffüllen und im Mixer pürieren. Suppe im Topf aufkochen, mit Zucker, Salz und Grappa abschmecken.

Die Sahne steif schlagen, die Basilikumblätter waschen, trockenschütteln und in feine Streifen schneiden. Die Tomatensuppe auf Teller geben und mit je einem Sahneklecks und Basilikumstreifen garniert servieren.

Wenn in italienischen Rezepten von weißen Bohnen die Rede ist, sind meistens die länglichen weißen Cannellini-Bohnen gemeint. Sie sind die kleinen Schwestern der großen weißen Bohnen (fagioli secchi). Es gibt sie getrocknet oder in Dosen.
Das optimale Gewürz für eine Weiße-Bohnen-Suppe ist Rosmarin. Dank seines intensiven Geschmacks kann es sparsam dosiert werden.

Zuppa di fagioli

FLORENTINISCHE BOHNENSUPPE

Für 4 Portionen
300 g weiße Bohnen
1 l Hühnerbrühe
2 Zwiebeln
2 Knoblauchzehen
1 Möhre
1 Stangensellerie
1 Stange Porree
1 Zweig Rosmarin
1 kleine rote Chilischote
100 ml Olivenöl
Salz
Pfeffer
4 Weißbrotscheiben
40 g frisch geriebener Parmesan

Zubereitungszeit 30 Minuten (plus Einweich-, Schmor- und Garzeit)
Pro Portion ca. 407 kcal/1711 kJ
25 g E · 12 g F · 24 g KH

Die Bohnen über Nacht in reichlich Wasser einweichen. Am nächsten Tag abgießen, mit der Hühnerbrühe und 500 ml Wasser auffüllen. 1 Zwiebel und 1 Knoblauchzehe schälen und hacken. Das Gemüse putzen, waschen und in Würfel schneiden. Rosmarin von den Stängeln zupfen. Chilischote putzen, waschen, entkernen und fein hacken.

2 El Olivenöl in einem Topf erhitzen. Zwiebel, gehackten Knoblauch und Gemüse zugeben und anschmoren. Dann Rosmarin und gehackte Chili unter Rühren mitschmoren. Die Bohnen mit Flüssigkeit angießen und die Suppe abgedeckt etwa 1 Stunde bei mittlerer Temperatur garen, bis die Bohnen weich sind.

Die zweite Knoblauchzehe schälen und durch die Presse drücken. Mit dem restlichen Öl mischen. Die zweite Zwiebel schälen und in dünne Ringe schneiden. Den Backofen auf 200 °C (Umluft 180 °C) vorheizen.

Die Hälfte der Bohnensuppe aus dem Topf nehmen, pürieren und zurück in den Topf geben. Die Hälfte des Knoblauch-Öls untermischen.

Die Suppe in einen feuerfesten Topf füllen. Die Brotscheiben mit Parmesan bestreuen, mit dem restlichen Knoblauch-Öl beträufeln, mit Zwiebelscheiben belegen und mit dem restlichen Parmesan bestreuen. Die Suppe im Ofen etwa 20 Minuten überbacken.

Zuppa di spinaci

SPINATSUPPE MIT EI

Für 4 Portionen
1 Zwiebel
1 Knoblauchzehe
4 El Butter
500 g frischer Spinat
1 l Gemüsebrühe
Pfeffer
Salz
gemahlener Muskat
2 El geriebener Parmesan
2 El Essig
4 Eier

Zubereitungszeit 20 Minuten
(plus Schmor- und Garzeit)
Pro Portion ca. 372 kcal/1564 kJ
21 g E · 28 g F · 7 g KH

Zwiebel und Knoblauch schälen. Die Zwiebel fein hacken.
2 El Butter in einer Pfanne erhitzen und die Zwiebel darin 2 Minuten andünsten.
Spinat verlesen, putzen und waschen. In einen großen Topf mit 100 ml Wasser geben und bei mittlerer Temperatur zusammenfallen lassen. Dann Zwiebel und Brühe zugeben und abgedeckt aufkochen lassen.
Den Knoblauch dazudrücken und die Suppe mit Pfeffer, Salz und Muskat abschmecken. Restliche Butter und Parmesan in die Suppe rühren.
750 ml Wasser mit dem Essig und etwas Salz aufkochen. Jedes Ei einzeln aufschlagen und vorsichtig ins kochende Wasser geben. Die Eier 3–4 Minuten pochieren.
Die Spinatsuppe auf vier Teller verteilen und mit je einem pochierten Ei servieren.

Antipasti

Pomodori ripieni

GEFÜLLTE TOMATEN

Für 4 Portionen
4 mittelgroße Tomaten
2 Knoblauchzehen
1 Bund glatte Petersilie
50 g Paniermehl
8 El Olivenöl
Salz
Pfeffer
5 El frisch geriebener Parmesan

Zubereitungszeit 25 Minuten
(plus Backzeit)
Pro Portion ca. 397 kcal/1669 kJ
23 g E · 28 g F · 13 g KH

Den Backofen auf 200 °C (Umluft 180 °C) vorheizen. Die Tomaten waschen, von den Stielansätzen befreien, halbieren und mit einem Löffel aushöhlen. Die Tomatenhälften in einem Sieb abtropfen lassen.

Den Knoblauch schälen und sehr fein hacken. Die Petersilie waschen, trockenschütteln und fein wiegen.

Paniermehl mit 6 El Olivenöl, dem Knoblauch und der Petersilie mischen. Mit Salz und Pfeffer würzen.

Die Füllung in die Tomatenhälften geben und den Käse darüberstreuen. Ein Backblech mit dem restlichen Öl einfetten. Die Tomatenhälften daraufsetzen und im Backofen etwa 30 Minuten backen. Als Beilage zu Fleisch- oder Fischgerichten reichen.

In Italien werden Artischocken vor allem in Ligurien angebaut. Ob gefüllt, gedünstet oder die Blätter in Sauce getunkt, geschätzt werden sie im ganzen Land.

Artischocken schmecken nicht nur sehr gut, sondern sind auch äußerst fettarm und bekömmlich und daher sehr gesund. Sie enthalten Kalium, Magnesium, Folsäure und Vitamin C, außerdem Eisen, Zink und Kalzium. Ihre Bitterstoffe regen den Appetit an, insgesamt wirken sie blutreinigend und verdauungsfördernd und stärken Leber und Galle.

Carciofi stufati

Für 4 Portionen

8 junge Artischocken
(ca. 600 g)

Salz

Pfeffer

2 Knoblauchzehen

4 El Olivenöl

125 ml trockener Weißwein

1 El Zitronensaft

frische Minze

Zubereitungszeit 20 Minuten
(plus Schmor- und Garzeit)
Pro Portion ca. 83 kcal/352 kJ
4 g E · 3 g F · 6 g KH

GEDÜNSTETE ARTISCHOCKEN

Die Artischocken waschen, den Stiel kürzen und die äußeren Blätter entfernen. Die harten Blattspitzen der übrigen Blätter mit der Schere abschneiden. Artischocken mit Salz und Pfeffer würzen.

Den Knoblauch schälen und fein hacken. Das Olivenöl in einer großen Pfanne erhitzen und den Knoblauch darin 2 Minuten unter Rühren andünsten. Die Artischocken in die Pfanne legen und bei mittlerer Temperatur weitere 2 Minuten mitschmoren, bis sie goldgelb sind. Den Wein angießen, die Pfanne abdecken und die Artischocken etwa 30 Minuten garen, bis sie weich sind und eine schöne Farbe haben. Eventuell noch Wein zugeben.

Artischocken aus der Pfanne nehmen und mit Zitronensaft beträufeln. Sofort mit frischen Minzeblättern servieren.

Antipasti

Peperonata

PAPRIKAGEMÜSE

Für 4 Portionen
4 große Paprikaschoten (grün, gelb und rot)
1 Zwiebel
1 Knoblauchzehe
6 El Olivenöl
Salz, Pfeffer
400 g Tomaten
1/2 Bund glatte Petersilie
2 El frisch gehackter Majoran

Zubereitungszeit 30 Minuten (plus Schmor- und Garzeit)
Pro Portion ca. 221 kcal/929 kJ
3 g E · 19 g F · 9 g KH

Die Paprikaschoten waschen, halbieren, putzen und in Streifen schneiden. Die Zwiebel und den Knoblauch schälen und hacken. Das Olivenöl in einer großen Pfanne erhitzen, Zwiebel und Knoblauch etwa 3 Minuten darin andünsten, die Paprikastreifen zugeben und das Gemüse mit Salz und Pfeffer würzen. Das Ganze weitere 5 Minuten unter gelegentlichem Rühren schmoren. Die Tomaten für einige Sekunden in kochendes Wasser legen, häuten, von Stielansätzen und Kernen befreien und das Fruchtfleisch würfeln. Petersilie waschen, trockenschütteln und hacken. Unter die Tomaten mischen.
Tomaten zu den Paprikastreifen geben und die Mischung abgedeckt etwa 20 Minuten köcheln lassen. Mit Majoran bestreut servieren. Schmeckt heiß oder kalt.

Ciabatta

Für 4 Laibe

Vorteig
5 g Hefe
550 g Weizenmehl

Teig
10 g Hefe
500 g Weizenmehl
500 g Vorteig
15 g Salz
3 El Olivenöl

Zubereitungszeit 30 Minuten
(plus Zeit zum Gehen und Backzeit)
Pro Laib ca. 965 kcal/4053 kJ
26 g E · 12 g F · 186 g KH

CIABATTA

Für den Vorteig die Hefe mit 400 ml warmem Wasser und dem gesiebten Mehl vermischen und zu einem lockeren Teig kneten. Diesen mindestens 12 Stunden ruhen lassen.

Am nächsten Tag den Vorteig halbieren. 1 Hälfte beiseitestellen und für die weitere Verwendung einfrieren. Die Hefe mit 4 El warmem Wasser und etwas Mehl verrühren und 10 Minuten gehen lassen. Anschließend die aufgegangene Hefe mit dem Vorteig, dem Salz und 250 ml warmem Wasser zu einem glatten, geschmeidigen Teig verarbeiten. Der Teig soll elastisch sein und sich gut formen lassen.

2 El Olivenöl in eine Schüssel geben und den Teig hineinlegen, sodass er im Öl „schwimmt". An einem warmen Ort abgedeckt mindestens 2 Stunden auf das doppelte Volumen aufgehen lassen.

Den öligen Teig auf eine großzügig mit Mehl bestreute Arbeitsfläche legen und in vier Teile teilen. 2 Backbleche mit dem restlichen Olivenöl einfetten. Die Teige in Mehl wenden, in eine längliche Form ziehen und auf die Bleche legen. Die Brote nochmals 1 Stunde abgedeckt gehen lassen, bis sie fast doppelt so groß sind.

Den Backofen auf 200 °C (Umluft 180 °C) vorheizen. Anschließend die Brote im Ofen etwa 20 Minuten backen.

Vino

Italien gehört zu den wichtigsten europäischen Weinproduzenten; von den Alpen bis zum sonnenreichen Süden reichen die Anbaugebiete. Das mediterrane Klima ist eine ideale Voraussetzung für den Anbau ganz unterschiedlicher Weine (darunter einige der besten Weine der Welt), die auf einer Fläche von nahezu 1 Million Hektar gedeihen. Mehr als 60 Millionen Hektoliter werden insgesamt erzeugt. Ca. 1000 Rebsorten sind registriert, davon sind ca. 400 im Regelwerk der DOC zugelassen.

Im von der Regierung geschaffenen Weingesetz sind die Qualitätsstufen verankert, wobei die Herkunft des Weines wichtiger als die Ausprägung ist:

Vino di tavola – einfacher Tischwein
Vino di tavola con indicazione geografica oder Indicación geografica tipica – Weine tragen immer Angaben zum Herkunftsgebiet, zur Rebsorte und zum Jahrgang
DOC = Denominzione di origine controllata – vorgeschriebene Traubensorten mit genau begrenzter Herkunfts- und Produktionsbedingung, staatlich kontrolliert
DOCG = Denominazione di origine controllata e garantita – besonders hochwertige Appellationen (z.B. Barbaresco, Barolo, Brunello di Montalcino, Chianti classico, Vino nobile de Montepuciano). Diese Auszeichnung ist nur Spitzenerzeugnissen aus zurzeit 37 Weinanbauregionen vorbehalten.

Zusätzliche Qualitätsstufen sind die Prädikate Riserva, Superiore und Classico – Letzteres wird ab der Ernte 2007 durch Grandino ersetzt.

Der elitäre italienische Weinführer „Gambero rosso" verzeichnet so manchen Spitzenwein neben „Trinkweinen" wie Gavi, Frascati, Pinot Grigio, Asti, Prosecco, Spumante, Barolo oder Soave, Lambrusco oder Chianti – die Auswahl ist zu reichhaltig, als dass sie auch nur annähernd komplett genannt werden könnte.

Der bekannteste Tropfen **Südtirols** ist der Vernatsch. Inzwischen tendenziell weniger gefragt, wird er zunehmend ausgebaut oder durch Chardonnay und Weißburgunder ersetzt.

Venetien gilt als Italiens große „Mostschwemme", sehr ordentliche Weine erreichen den Weintrinker aus dem Gebiet des Valpolicella, hochwertige Weine aus den Colli Berici und Colli Euganei. Der helle, grünliche Soave kommt in seiner Bestform aus den Hügeln des Classico-Gebietes. Venetien ist auch die Heimat des Prosecco.

Das größte Rebland des **Friaul**, DIE Weißweinregion Italiens, ist die Grave. Pinot Bianco, Tocai, Chardonnay und Sauvignon di Friuli zählen europaweit zu den guten Weißweinen.

In der **Toskana**, der allgemein bekanntesten Weinanbauregion Italiens, kämpfen Brunello di Montalcino aus der Sangiovese-Traube mit Vino nobile di Montepulciano um den ersten Platz in der Gunst der Genießer. Chianti aus der Toskana hat eine facettenreiche, lange Geschichte. Erwähnt sei z.B. der Gallo Nero, der vom Chianti Classico Consortium nur den Winzern verliehen wird, die sich an die strengen DOC-Richtlinien halten. Experimente mit der Cabernet-Sauvignon-Traube und einem Ausbau im Barrique-Fass führten zwar dazu, dass auf die Bezeichnung Chianti Classico verzichtet werden musste, aber ein Wein allerhöchster Güte entstand.

Bei den Weinen Sassicaia, Ornellaia, Guada al Tasso und Paleo spricht man oft vom Phänomen der sogenannten Super-Toskaner der DOC Bolgheri Superiore.

Weißwein steht erst an zweiter Stelle, obwohl in der Toskana mehr weißer als roter Wein gedeiht, wie beispielsweise der Vernaccia di San Gimignano, der gern als Vino di meditazione getrunken wird. Nicht zu vergessen der süße Vin Santo aus den weißen Rebsorten Trebbiano und Malvasia, mit Cantucci ein Genuss.

Im **Piemont** werden mit dem Barolo und Barbaresco zwei große Weine Italiens erzeugt, Moscato d'Asti wird ebenfalls nach DOCG-Standard gekeltert. Caluso Passito ist ein Dessertwein aus rosinierten Trauben.

Dem französischen Champagner steht hoch klassifizierter handgerüttelter Spumante wie der aus Franciacorta in der Lombardei nicht nach.

Sardinien und **Mezzogiorno** produzieren mehr und mehr gute bis große Weine, ihre Genossenschaften haben einen hohen Standard. Der weiße Vermentino di Gallura ist im Norden Sardiniens beheimatet und kann trotz der großen Anbaumenge mit DOCG-Status überzeugen.

Die **Basilicata** bringt an den Hängen des Monte Vulture großartige Weine hervor.

Sizilien ist die größte Weinanbauregion Italiens mit ausgezeichneten Landweinen und hat eine vielversprechende Zukunft. Für viele noch ein Geheimtipp ist der Cerasuolo di Vittoria aus der Provinz Ragusa. Der trockene Rotwein passt gut zu Fleischgerichten – lange gereift ist er darüber hinaus als Aperitif beliebt.

Trapani, die westlichste Provinz Siziliens, ist seit über 200 Jahren für ihren Marsala berühmt. Dolce, also süß, wird er gern als Dessertwein genossen – als (trockener) Marsala vergine ist er ein hervorragender Aperitif.

Gute Weine werden in vielen Regionen Italiens angebaut, vom Piemont oder dem Latium im Norden über die Toskana und Umbrien bis hinunter nach Sizilien. Es lohnt sich, neugierig zu sein und auf dem einen oder anderen Weingut einen Zwischenstopp einzulegen. Viele Winzer bieten eine Verkostung ihrer Produkte an, da lässt sich manch positive Überraschung erleben. Alla salute!

Primi

In Italien ist üblicherweise das Abendessen die Hauptmahlzeit, die aus einer Vorspeise /Antipasto, zwei Hauptgängen und der Nachspeise besteht. Einen einzelnen Hauptgang, der alles beinhaltet, kennt die italienische Küche nicht. Stattdessen Primi und Secondi, zwei kleinere Gerichte, die nacheinander serviert werden. Il Primo piatto, der erste Gang, besticht durch die Vielseitigkeit der Speisen. Nicht selten werden mehr als hundert verschiedene Zubereitungen offeriert. Fällt die Entscheidung zu schwer, können Primi als „Bis" oder „Tris" bestellt werden – die Portion wird dann aus zwei oder drei Zubereitungen zusammengestellt. Risotto jedoch wird oft nur für mindestens zwei Personen zubereitet.

Die Variationen von Pasta und Polenta, Risotto und Gnocchi beinhalten traditionelle Hausmannskost ebenso wie raffinierte Spezialitäten. Ragouts und Fischgerichte gehören ebenfalls zu den Köstlichkeiten des ersten Gangs. Eine Versuchung wert sind die Gemüsegerichte, die auch al forno, überbacken, auf den Tisch kommen. Eine Spezialität der Toskana sind die Crespelle alla fiorentina, mit Spinat und Ricotta gefüllte Pfannkuchen.

Torta di asparagi

SPARGELKUCHEN

Für 4 Portionen
180 g Weizenmehl
80 g Butter
5 Eier
3 El Milch
375 g grüner Spargel
2 Knoblauchzehen
250 g Ricotta
50 g frisch geriebener Pecorino
Salz
Pfeffer
1/2 Tl frisch gemahlene Muskatnuss
Fett für die Form

Zubereitungszeit 40 Minuten
(plus Ruhe-, Gar- und Backzeit)
Pro Portion ca. 612 kcal/2572 kJ
29 g E · 38 g F · 40 g KH

150 g Mehl in eine Schüssel sieben, 50 g Butter weich werden lassen und zufügen. Gut verrühren, dann 1 Ei unterheben und die Milch zugeben. Alles zu einem glatten Teig verarbeiten und in Folie wickeln. 30 Minuten kühl ruhen lassen.

Den Spargel putzen und das untere Drittel schälen. Spargel waschen und in kochendem Salzwasser etwa 6 Minuten garen. Dann abgießen und abtropfen lassen. Den Backofen auf 200 °C (Umluft 180 °C) vorheizen.

Die restliche Butter in einem Topf schmelzen und das restliche Mehl klümpchenfrei unterrühren. Den Topf vom Herd nehmen. Den Spargel in 2 cm lange Stücke schneiden, den Knoblauch schälen und fein hacken. Spargel mit Knoblauch, restlichen Eiern, Ricotta, Pecorino und der Mehlschwitze gut verrühren und mit Salz, Pfeffer und Muskat würzen.

2/3 des Teiges zu einem Kreis von 28 cm Durchmesser ausrollen und eine gefettete Springform (23 cm Ø) damit auslegen. Den Rand entfernen, den Teig mehrmals mit einer Gabel einstechen. Die Spargelfüllung auf dem Teig verteilen.

Den restlichen Teig ausrollen und in dünne Streifen schneiden. Die Teigstreifen gitterförmig auf den Kuchen legen. Dann im Ofen etwa 25 Minuten backen. Kalt servieren.

Primi

Caciocavallo ist ein halbfester Kuh-milch-Käse aus Süditalien, der in die Form eines Flaschenkürbisses gebracht und oben mit einer Schnur abgebunden wird. So erhält er seine typische Form. Der Name „cavallo" bedeutet Pferd und verweist darauf, dass der Käse früher aus Stutenmilch hergestellt wurde. Er hat einen mild-pikanten Geschmack.

Ricotta ist nicht, wie man meinen sollte, ein Quark, sondern ein Frischkäse, bei dem die Molke zum zweiten Mal erhitzt wird. Ricotta gentile stammt von Schafsmolke, Ricotta forte besteht aus Schafs- und Kuhmolke.

Torta al formaggio e prosciutto

KÄSE-SCHINKEN-TORTE

Für 4 Portionen
25 g Hefe
300 g Weizenmehl
Salz
20 g Schweineschmalz
4 Eier
2 El Olivenöl
100 g Caciocavallo (Käse)
200 g Ricotta
100 g geräucherter Schinken
Salz
Pfeffer
Fett für die Form

Zubereitungszeit 40 Minuten
(plus Ruhe- und Backzeit)
Pro Portion ca. 657 kcal/2761 kJ
35 g E · 32 g F · 55 g KH

Die Hefe in 4 El Wasser rühren und 10 Minuten gehen lassen. Die Hälfte des Mehls mit etwas Salz in eine Schüssel sieben, in die Mitte eine Mulde drücken und die Hefemischung hineingießen. 2 El Wasser dazugeben und alles gut vermengen. Den Teig abgedeckt etwa 1 Stunde gehen lassen.
Inzwischen das Schmalz weich werden lassen, 2 Eier verquirlen. Das restliche Mehl mit den Eiern, dem Schmalz und dem Olivenöl vermischen und zum Vorteig geben. Nun aus dem Ganzen einen festen, geschmeidigen Teig arbeiten und dritteln. Zwei Drittel des Teiges auf einer Arbeitsfläche rund ausrollen (23 cm Durchmesser) und eine gefettete Springform damit auslegen. Die Ränder andrücken. Den Teig 15 Minuten ruhen lassen. Den Käse in Scheiben schneiden, 2 Eier in 8 Minuten hart kochen, abkühlen lassen, schälen und in Würfel schneiden. Schinken in Streifen schneiden. Abwechselnd Käsescheiben, Eierwürfel, Ricotta und Schinkenstreifen auf den Teig geben. Gut mit Salz und Pfeffer würzen. Den Backofen auf 200 °C (Umluft 180 °C) vorheizen. Den restlichen Teig rund ausrollen und als Deckel auf die Torte setzen. Die Ränder gut miteinander verbinden.
Die Torte noch 30 Minuten gehen lassen und anschließend im Ofen etwa 30 Minuten backen.

Torta verde

MANGOLDKUCHEN

Für 4 Portionen

Teig
250 g Mehl
3 Eier
120 ml Olivenöl
1/2 Tl Salz

Füllung
500 g Mangold
1 Zwiebel
1 Knoblauchzehe
100 g Champignons
8 Sardellenfilets
200 g TK-Erbsen
2 El frisch gehacktes Basilikum
100 g Ricotta
Salz
Pfeffer
Fett für die Form

Zubereitungszeit 35 Minuten
(plus Ruhe- und Backzeit)
Pro Portion ca. 692 kcal/2908 kJ
63 g E · 22 g F · 58 g KH

Mehl in eine Schüssel sieben. 1 Ei mit 100 ml Olivenöl und Salz verrühren und zum Mehl geben. Alles zu einem glatten Teig verarbeiten und abgedeckt an einem warmen Ort etwa 30 Minuten ruhen lassen.

Mangold putzen, waschen, die dicken Rippen herausschneiden und den Rest in feine Streifen schneiden. Zwiebel und Knoblauch schälen und fein hacken. Pilze putzen, feucht abreiben und in Scheiben schneiden. Sardellen abtropfen lassen und klein schneiden. Zwiebel und Knoblauch im restlichen Öl andünsten. Nach 2 Minuten die Mangoldstreifen zugeben und mitschmoren, 5 Minuten danach die Champignons in die Pfanne geben und die Mischung weitere 5 Minuten dünsten, bis alle Flüssigkeit verkocht ist. Nach 4 Minuten die TK-Erbsen unterheben. Würzen. Pfanne vom Herd nehmen, Basilikum und Sardellen unterrühren und abkühlen lassen.

Backofen auf 220 °C (Umluft 200 °C) vorheizen. Eine Springform (26 cm Ø) einfetten. Den Teig dünn ausrollen, in die Form legen und den Rand hochdrücken. Die restlichen Eier mit dem Ricotta verrühren, salzen und pfeffern. Die Hälfte dieser Mischung zum Gemüse geben und alles auf dem Teigboden verteilen. Restliche Ricotta-Eier-Masse darübergeben und Torte im Ofen etwa 35 Minuten backen.

Primi

Torta di spinaci

SPINAT IN BLÄTTERTEIG

Für 4 Portionen
450 g Tk-Blätterteig
1 kg Spinat
1 Zwiebel
1 Knoblauchzehe
2 El Olivenöl
200 g gekochter Schinken
5 Eier
Salz
Pfeffer
1 Tl gemahlene Muskatnuss
2 El Mehl
Fett für das Backblech

Zubereitungszeit 30 Minuten
(plus Auftau- und Backzeit)
Pro Portion ca. 860 kcal/3612 kJ
31 g E · 59 g F · 50 g KH

Blätterteig auftauen lassen. Spinat verlesen, putzen, waschen und in einem großen Topf mit 150 ml Wasser bei mittlerer Temperatur zusammenfallen lassen. Dann abgießen, abtropfen lassen und gut ausdrücken.

Zwiebel und Knoblauch schälen und fein hacken. Olivenöl in einer Pfanne erhitzen und die Zwiebel mit dem Knoblauch darin andünsten. Spinat zugeben und 3 Minuten mitdünsten. Den Schinken in feine Streifen schneiden. 4 Eier in 10 Minuten hart kochen und abkühlen lassen.

Den Blätterteig auf einer bemehlten Arbeitsfläche zu einer rechteckigen Platte ausrollen. Zuerst die Schinkenstreifen, dann den Spinat darauf verteilen. Die abgekühlten Eier schälen und in Scheiben schneiden. Die Eischeiben auf den Spinat legen. Alles mit Salz, Pfeffer und Muskat würzen.

Den Backofen auf 200 °C (Umluft 180 °C) vorheizen. Den Blätterteig vorsichtig zusammenrollen. Die Ränder gut zusammendrücken. Das letzte Ei verquirlen und die Ränder sowie den gesamten Strudel damit einstreichen. Ein Backblech einfetten und mit dem Mehl bestreuen. Den Spinatstrudel darauflegen und im Ofen etwa 40 Minuten backen. Dann herausnehmen, etwa 10 Minuten abkühlen lassen und in dicke Scheiben schneiden.

Finocchi fritti

Für 4 Portionen
600 g junger Fenchel mit Grün
2 Eier
Salz
Pfeffer
165 g Paniermehl
55 g Butter
3 El frisch geriebener Parmesan

Zubereitungszeit 20 Minuten
(plus Gar- und Bratzeit)
Pro Portion ca. 360 kcal/1470 kJ
13 g E · 18 g F · 35 g KH

GEBRATENER FENCHEL

Den Fenchel putzen, waschen, die äußeren Blätter entfernen und die Knollen vierteln. Die harten Strünke herausschneiden, das Fenchelgrün abschneiden und aufbewahren.

In einem Topf Salzwasser zum Kochen bringen und den Fenchel darin etwa 8 Minuten garen. Anschließend herausnehmen, abschrecken und abtropfen lassen.

Die Eier mit etwas Salz und Pfeffer würzen und verquirlen. Das Paniermehl auf einen Teller geben. Die Butter in einer Pfanne erhitzen.

Die Fenchelstücke erst in der Eimasse, dann im Paniermehl wenden und anschließend in der heißen Butter braten, bis das Paniermehl goldgelb ist. Aus der Pfanne nehmen, abtropfen lassen und mit Parmesan bestreuen.

Das Fenchelgrün hacken. Gebratene Fenchelstücke mit dem Grün garniert als Beilage zu Fleisch oder Fisch servieren.

Zucchini alla menta

ZUCCHINI MIT MINZE

Für 4 Portionen

4 Zucchini
2 Schalotten
2 Knoblauchzehen
2 El Mehl
4 El Olivenöl
1 Handvoll frische Minze
1 Bund glatte Petersilie
400 g Tomaten (aus der Dose)
Saft von 1 Zitrone
2 El Paniermehl
2 El frisch geriebener Pecorino
Salz, Pfeffer
Fett für die Form

Zubereitungszeit 30 Minuten (plus Backzeit)
Pro Portion ca. 293 kcal/1229 kJ
9 g E · 16 g F · 28 g KH

Den Backofen auf 200 °C vorheizen. Die Zucchini putzen, waschen und in Scheiben schneiden. Die Schalotten und den Knoblauch schälen und fein hacken.

Das Mehl in eine Schüssel geben und die Zucchinischeiben darin wenden. 2 El Olivenöl in einer Pfanne erhitzen und die Zucchinischeiben darin goldgelb braten. Dann herausnehmen und beiseitestellen.

Die Kräuter waschen, trockenschütteln und fein hacken. Das restliche Öl in die Pfanne geben und Schalotten, Knoblauch, Tomaten mit Saft und Kräuter (von der Petersilie nur die Hälfte) darin andünsten. Nach etwa 3 Minuten kräftig mit Salz und Pfeffer würzen und die Pfanne vom Herd nehmen.

Auflaufform fetten. Die Hälfte der Zucchinischeiben hineingeben, mit etwas Zitronensaft beträufeln. Pfannenmischung darübergeben, dann die restlichen Zucchinischeiben darauflegen. Restlichen Zitronensaft darübergeben.

Paniermehl und Käse mischen und über das Gemüse streuen. Im Ofen etwa 20 Minuten überbacken. Mit restlicher Petersilie bestreut servieren.

Primi

Linsen sind ein Herbstgemüse. Die besten Linsen werden in Italien in der Hochebene von Castelluccio in Umbrien angebaut. Die kleinen grünen „Sommersprossen", wie die Italiener sie auch nennen, enthalten viele Proteine und Mineralien. Da sie besonders zart sind, müssen sie nicht eingeweicht und nicht länger als 30 Minuten gekocht werden.

Lenticchie alle castagne

Für 4 Portionen

10 Esskastanien
2 Knoblauchzehen
6 El Olivenöl
250 g gelbe Linsen
2 El frisch gehackter Thymian
1 Lorbeerblatt
100 g Tomaten (aus der Dose)
1 Msp. getrocknetes Chilipulver
1 Tl gekörnte Brühe
Salz
Pfeffer
1/2 Bund Petersilie

Zubereitungszeit 40 Minuten (plus Back-, Schmor-, Gar- und Röstzeit)
Pro Portion ca. 333 kcal/1397 kJ
16 g E · 7 g F · 50 g KH

LINSEN MIT KASTANIEN

Den Backofen auf 180 °C (Umluft 160 °C) vorheizen. Die Kastanien kreuzweise einschneiden und auf einem Blech im Ofen etwa 30 Minuten backen, bis sie aufplatzen. Dann leicht abkühlen lassen, schälen, grob hacken oder vierteln.

Den Knoblauch schälen und fein hacken. In einem Topf 2 El Olivenöl erhitzen und den Knoblauch darin andünsten. Die Linsen zugeben und gut durchrühren. Thymian und Lorbeer zu den Linsen geben und mit Wasser auffüllen. Linsen bei mittlerer Temperatur etwa 30 Minuten köcheln.

Die gehackten Kastanien in einer Pfanne ohne Fett rösten, bis sie duften.

Kastanien, Tomaten und Chilipulver zu den Linsen geben, die gekörnte Brühe unterrühren und alles 20 Minuten köcheln, bis kaum noch Flüssigkeit vorhanden ist. Mit Salz und Pfeffer abschmecken. Das restliche Olivenöl darüberträufeln.

Die Petersilie waschen, trockenschütteln und grob zupfen. Die Linsen damit garnieren und servieren. Dazu Ciabatta reichen.

Fiori di zucchini ripieni

GEFÜLLTE ZUCCHINIBLÜTEN

Für 4 Portionen
8 große Zucchiniblüten
3 Eier
100 g Mehl
150 g Ricotta oder anderer Frischkäse
4 eingelegte Sardellenfilets
4 schwarze Oliven
1/2 Bund Basilikum
Salz, Pfeffer
Frittieröl

Zubereitungszeit 30 Minuten (plus Frittierzeit)
Pro Portion ca. 387 kcal/1627 kJ
34 g E · 18 g F · 22 g KH

Die Zucchiniblüten vorsichtig waschen und trockentupfen, innen den Stempel entfernen. Eier und Mehl miteinander zu einem Teig verrühren.

Den Ricotta in eine Schüssel geben. Die Sardellenfilets waschen und fein hacken. Die Oliven entsteinen und ebenfalls hacken. Das Basilikum waschen, Blättchen von den Stängeln zupfen und in Streifen schneiden. Alles miteinander mischen und mit Salz und Pfeffer würzen.

Die Mischung mit einem Löffel vorsichtig in die Zucchiniblüten füllen. Blüten einzeln im Teig wenden. Das Öl in einem großen Topf oder der Fritteuse erhitzen und die gefüllten Zucchiniblüten darin etwa 5 Minuten frittieren, dabei wenden. Auf Küchenpapier abtropfen lassen und warm servieren.

Melanzane al forno

ÜBERBACKENE AUBERGINEN

Für 4 Portionen

800 g mittelgroße Auberginen
Salz
300 g Mozzarella
1/2 Bund Oregano
1/2 Bund Basilikum
500 g Tomaten (aus der Dose)
100 g Mehl
100 ml Olivenöl
50 g frisch geriebener Parmesan
Fett für die Form

Zubereitungszeit 30 Minuten (plus Garzeit)
Pro Portion ca. 445 kcal/1869 kJ
25 g E · 26 g F · 27 g KH

Die Auberginen putzen, waschen, gut trockentupfen und längs in etwa 1/2 cm dicke Scheiben schneiden. Die Scheiben in eine Schüssel legen, mit Salz bestreuen und etwa 15 Minuten ziehen lassen.

Den Backofen auf 180 °C vorheizen. Den Mozzarella in kleine Würfel schneiden. Die Kräuter waschen, trockenschütteln, die Blättchen von den Stängeln zupfen und hacken. Die Tomaten in eine Schüssel füllen und mit dem Pürierstab pürieren. Die Kräuter unter das Tomatenpüree mischen.

Die Auberginen aus der Schüssel nehmen, abspülen und trockentupfen. Auberginenscheiben im Mehl wenden. Das Olivenöl in einer Pfanne erhitzen und die Auberginen darin von beiden Seiten goldbraun backen. Auf Küchenpapier abtropfen lassen. Eine Auflaufform einfetten und abwechselnd Auberginenscheiben, Tomatenpüree und Mozzarella daraufgeben. Zuletzt Tomatenpüree daraufgeben und mit Parmesan bestreuen. Im Ofen etwa 10 Minuten überbacken.

Primi

Gnocchi al gorgonzola

GNOCCHI MIT GORGONZOLASAUCE

Für 4 Portionen
1 kg Kartoffeln
250 g Mehl
Salz
200 g Gorgonzola
1 Zwiebel
1 Knoblauchzehe
8 Salbeiblätter
1 El Olivenöl
300 ml Sahne
100 ml trockener Weißwein
Pfeffer

Zubereitungszeit 40 Minuten
(plus Garzeit)
Pro Portion ca. 825 kcal/3465 kJ
23 g E · 42 g F · 86 g KH

Die Kartoffeln gründlich waschen und mit Schale etwa 25 Minuten weich kochen. Dann abgießen, abtropfen lassen, schälen und mit dem Kartoffelstampfer zerdrücken. Leicht abkühlen lassen, das Mehl unterrühren und den Teig salzen. Alles gut durchkneten. Aus dem Teig walnussgroße ovale Klößchen formen und mit einer Gabel flach drücken. Gnocchi auf einer bemehlten Unterlage etwa 15 Minuten ruhen lassen.

Den Gorgonzola entrinden und in kleine Würfel schneiden. Zwiebel und Knoblauch schälen und fein hacken. Die Salbeiblätter waschen, trocknen und in dünne Streifen schneiden.

Olivenöl in einem Topf erhitzen und Zwiebel und Knoblauch darin andünsten. Mit Sahne und Wein auffüllen und leicht einkochen lassen. Salbei unterrühren, den Gorgonzola zugeben und unter Rühren schmelzen lassen. Zum Schluss die Sauce mit Salz und Pfeffer abschmecken.

Die Gnocchi in kochendem Salzwasser etwa 5 Minuten garen, bis sie an die Oberfläche steigen. Mit einer Schaumkelle herausnehmen, abtropfen lassen und mit der Sauce servieren.

Primi

Patate e funghi porcini

KARTOFFELN MIT STEINPILZEN

Für 4 Portionen
375 g Kartoffeln
250 g frische Steinpilze
4 El Olivenöl
3 Knoblauchzehen
2 Zwiebeln
1 Bund glatte Petersilie
Salz
1 El Oregano

Zubereitungszeit 30 Minuten
(plus Backzeit)
Pro Portion ca. 209 kcal/878 kJ
5 g E · 13 g F · 18 g KH

Den Backofen auf 180 °C (Umluft 160°C) vorheizen. Die Kartoffeln waschen, schälen und in etwa 3 mm dicke Scheiben schneiden. Die Pilze gründlich putzen und ebenfalls in dünne Scheiben schneiden.

Ein Backblech mit 1 El Olivenöl einstreichen. Zuerst eine Lage Kartoffeln darauflegen, dann mit Pilzscheiben bedecken. Knoblauch und Zwiebeln schälen und fein hacken. Petersilie waschen, trockenschütteln und fein hacken. Die Hälfte vom Knoblauch und von den Zwiebeln, Salz, Oregano und Petersilie über die Pilze geben und mit einer Schicht Kartoffeln bedecken. So fortfahren, bis alle Zutaten aufgebraucht sind.

Das restliche Olivenöl über die Kartoffeln träufeln und ca. 150 ml Wasser an die Seite auf das Blech gießen. Alles etwa 50 Minuten im Ofen backen, bis die Kartoffeln goldgelb sind. Bei Bedarf während des Backens noch etwas Wasser nachgießen.

Malfatti

SPINATKLÖSSE

Für 4 Portionen
700 g Blattspinat
Salz
150 g Ricotta oder anderen Frischkäse
3 Eigelb
60 g Mehl
Pfeffer
gemahlene Muskatnuss
3 El Butter
60 g Parmesan

Zubereitungszeit 30 Minuten (plus Garzeit und Zeit zum Gratinieren)
Pro Portion ca. 535 kcal/2247 kJ
18 g E · 45 g F · 13 g KH

Den Spinat verlesen, gründlich waschen und abtropfen lassen. In einem Topf mit 100 ml Wasser bei mittlerer Hitze unter Rühren zusammenfallen lassen, dann aus dem Topf nehmen, in einem Sieb ausdrücken und abtropfen lassen. Spinat fein hacken.
Den Ricotta in einer Schüssel mit den 3 Eigelb und 6 El Mehl zu einer glatten Masse verrühren. Spinat unter die Mischung heben und alles zu einem glatten Teig verrühren. Mit Salz, Pfeffer und Muskat abschmecken.
In einem großen Topf Salzwasser zum Kochen bringen. Mit einem Löffel kleine Klöße aus dem Spinatteig abstechen und ins Wasser geben. Die Klöße bei mittlerer Temperatur etwa 10 Minuten ziehen lassen, bis sie an die Oberfläche steigen.
Klöße aus dem Wasser heben, abtropfen lassen und in eine Auflaufform geben. Die Butter in Flöckchen darübergeben, den Parmesan frisch darüberreiben. Die Spinatklöße unter dem heißen Grill etwa 3 Minuten gratinieren. Dazu passt Tomatensalat.

Primi

Pasta

Pasta ist viel mehr als Nudeln: Gefüllte Pasta wie Ravioli oder Agnolotti, kurze Sorten wie Penne oder Rigatoni, lange Pasta wie Spaghetti oder Vermicelli. Lasagne, die sich perfekt zum Überbacken eignen, oder Cannelloni, die jede Füllung zum Genuss machen. Nicht zu vergessen die Gnocchi, die nicht aus Hartweizen, sondern aus Kartoffeln zubereitet werden, aber dennoch der Familie der Pasta angehören. Pasta ist ebenso wenig aus Italien wegzudenken wie Wein oder Oliven. Auf mehr als 600 Sorten schätzen Kenner die Anzahl der heute in Italien gebräuchlichen Pastasorten.

Zwar gilt die Erfindung der Nudel durch die Italiener als fragwürdig, dennoch ist aus der Produktion dieses Grundelements der italienischen Küche aus Hartweizengrieß und Wasser (mit oder ohne Ei) ein gigantischer Wirtschaftszweig entstanden, nachdem 1825 in Genua die erste Pastafabrik eröffnete. Der Grano duro wächst im Süden des Landes, in Apulien, und in Sizilien auf großen wogenden Feldern. Vor allem das Gebiet um Neapel entwickelte sich zeitweise zu einer regelrechten Hochburg der Pastaproduktion, denn die reine Luft eignet sich zum Trocknen sehr gut. Teigfäden sieht man oft wie Wäsche auf der Leine hängen. Neben den Sorten aus Hartweizengrieß gibt es *Eiernudeln* (all' uovo) aus Hartweizengrieß und Eiern sowie *Pasta integrale* (Vollkornnudeln) und diverse andere.

Pasta werden der Größe nach in *pasta corta* (kurze Pasta) und *pasta lunga* (lange Pasta) unterschieden. Endungen bei der Bezeichnung geben Aufschluss über ihre Beschaffenheit: *-elle* (breit) *-ette* (schmal oder klein), *-ine/ini* (klein), *-oni* (groß), *rigate* (gerieffelt), *lisce* (glatt) oder *mezze* (abgeschnitten).

An Zubereitungsarten wird unterschieden in *Pasta in brodo* (in Brühe gekocht), *Pasta asciutta* (in Wasser gekocht und nach dem Abtropfen mit etwas Butter *al burro* oder einer Sauce *al sugo* in der Regel als erster Gang serviert) und *Pasta al forno* (überbacken). Unterschiedliche Gelbtöne entstehen durch den Zusatz von Eiern. Daneben wird Pasta traditionell mit Spinat, Sepia, Kakaopulver und Tomaten gefärbt. Für *Paglia e Fieno*, zu Deutsch „Stroh und Heu", werden gelbe und grüne Bandnudeln zusammen gekocht und zu einer Sahnesauce mit frischen Pilzen oder Lachs serviert.

Grundsätzlich gilt beim Kochen: Je zarter die Pasta, desto feiner die Sauce. Umgekehrt hängt die Wahl der Pasta von dem Sugo – diesen nur als Sauce zu bezeichnen wäre sträflich – oder dem Ragu, eine gehaltvolle Fleischsauce, ab, zu der sie zubereitet werden.

Zu Sughi mit einem intensiven und eigenständigen Geschmack sind lange, dünne Pasta mit geringem Durchmesser wie Vermicelli die erste Wahl. Gleiches gilt für Zubereitungen auf Olivenölbasis, z. B. Aglio e Olio. Bucatini oder Spaghetti lassen sich gut mit einer kräftigeren Sauce kombinieren. Mittellange Sorten wie Penne lassen sich vielseitig einsetzen, ihr Eigengeschmack wird durch die Zugabe von Käse oder Olivenöl hervorgehoben. Universell, sogar zu Ragouts und Aufläufen, lässt sich kurze, dicke Pasta wie Rigatoni verwenden. Gnocchi passen gut zu einem Sugo auf Käse- oder Gemüsebasis.

Zur klassischen Carbonara gehören Spaghetti, doch zur A'matriciana passen am besten Bucatini, die nur etwas dicker als Spaghetti sind, doch innen hohl. Penne, schräg abgeschnittene Röhrennudeln, lassen sich hervorragend all' arrabiata zubereiten. Eine lokale Spezialität in Apulien stellen die Orecchiette, die „Öhrchen", mit Brokkolisauce dar. In Genua sind die Trenette al Pesto, handgemachte Bandnudeln mit Basilikumsugo, berühmt. Auch denke man an Pasta mit Sardellen oder Tintenfisch, wie sie auf Sizilien zubereitet werden. Oder ganz schlicht mit reichlich geriebenem Käse, wie es bereits Goethe auf seiner „Italienischen Reise" kennenlernte.

Zum Kochen empfiehlt sich die Verwendung eines großen Topfes, damit die Pasta nicht aneinander liegt, sondern rundum vom kochenden Wasser erreicht wird. Pro 100 Gramm Pasta sollte man mit einem Liter Wasser rechnen. Die Beigabe von ein, zwei Esslöffeln Olivenöl empfiehlt sich bei Pasta fresca, der frisch zubereiteten Pasta. Pasta secca, die getrocknete Pasta, sollte während des Kochens ab und zu mit einem Holzlöffel umgerührt werden. Dann gilt es, den rechten Moment abzupassen: Al dente muss Pasta sein, bissfest. Weich gekocht wird die edle Pasta zur wässrigen Nudel, die keinen Eigencharakter mehr aufweist.

Ob das fertige Gericht zusätzlich mit Parmesan verfeinert wird, ist eine Frage des persönlichen Geschmacks. Mitunter wird statt des klassischen Parmesan auch geriebener Schafskäse gereicht, Probieren lohnt sich. Nur Pasta mit Fisch oder Meeresfrüchten wird grundsätzlich ohne Parmesan verzehrt.

Gegessen wird Pasta übrigens ausschließlich mit der Gabel – selbst wenn der Kellner lächelnd einen Löffel neben den Teller legt.

Spaghetti alla bolognese

Für 4 Portionen
1 Zwiebel
1 Knoblauchzehe
1 Möhre
50 g Bauchspeck
100 g Hühnerleber
2 El Olivenöl
250 g gemischtes Hackfleisch
125 ml trockener Weißwein
125 ml Fleischbrühe
400 g Tomaten (aus der Dose)
Salz, Pfeffer
1/4 Tl getrockneter Oregano
1/4 Tl getrockneter Thymian
400 g Spaghetti
50 g frisch geriebener Parmesan

Zubereitungszeit 20 Minuten
(plus Schmor- und Garzeit)
Pro Portion ca. 847 kcal/3560 kJ
15 g E · 38 g F · 79 g KH

SPAGHETTI BOLOGNESE

Die Zwiebel und den Knoblauch schälen und fein hacken. Möhre schälen und wie den Speck würfeln. Die Leber klein schneiden. Das Olivenöl in einer Pfanne erhitzen und Zwiebel sowie Knoblauch und Speck darin anbraten. Das Hackfleisch und die Leber zugeben und 5–6 Minuten kräftig mitschmoren.
Den Wein und die Brühe in die Pfanne gießen und etwas einkochen lassen. Die Tomaten in einem Sieb abtropfen lassen. Tomaten zum Fleisch geben und gut unterrühren. Mit Salz, Pfeffer und den getrockneten Kräutern würzen und alles etwa 45 Minuten bei mittlerer Temperatur köcheln lassen.
Inzwischen die Spaghetti in reichlich kochendem Salzwasser bissfest garen. Die Spaghetti mit der Fleischsauce auf Tellern anrichten und mit Parmesan servieren.

Spaghetti alla carbonara

Für 4 Portionen
50 g durchwachsener Speck
100 g gekochter Schinken
1 Knoblauchzehe
2 El Butter
400 g Spaghetti
3 Eier
100 ml Sahne
40 g Parmesan
40 g Pecorino
Salz, Pfeffer

Zubereitungszeit 20 Minuten
(plus Garzeit)
Pro Portion ca. 703 kcal/2951 kJ
31 g E · 33 g F · 70 g KH

SPAGHETTI CARBONARA

Den Speck und den Schinken in kleine Würfel schneiden. Den Knoblauch schälen und fein hacken. Die Butter in einer Pfanne erhitzen und den Speck darin schmoren. Knoblauch zugeben und etwa 3 Minuten mitschmoren.

Inzwischen die Spaghetti in kochendem Salzwasser bissfest garen, abgießen und abtropfen lassen. Die Nudeln zum Speck in die Pfanne geben und alles gut verrühren.

Die Eier mit der Sahne und der Hälfte der beiden Käsesorten verquirlen und mit Salz und Pfeffer würzen. Den gekochten Schinken unterheben. Diese Mischung zu den Spaghetti geben und alles gut verrühren, bis die Eier zu stocken beginnen. Den restlichen Käse unter die Spaghetti heben und sofort servieren.

Safran oder Zafferano, wie er in Italien heißt, ist auch heute noch ein sehr kostbares Gewürz. Die feinen Safranfäden, die eigentlich Samenstempel einer Krokusart sind, waren bereits in der Antike und später im Mittelalter ein absolutes Statussymbol. Wer sich dieses Gewürz leisten konnte, galt als reich und mächtig.

Tagliatelle allo zafferano

TAGLIATELLE MIT SAFRANSAUCE

Für 4 Portionen
2 Schalotten
1 Knoblauchzehe
2 El Olivenöl
1 Msp. Safranfäden
200 ml trockener Weißwein
Salz, Pfeffer
400 g Tagliatelle
250 g Mascarpone
1 El frisch gehackte glatte Petersilie
2 El frisch gehacktes Basilikum
50 g frisch geriebener Parmesan

Zubereitungszeit 20 Minuten
(plus Dünst- und Garzeit)
Pro Portion ca. 615 kcal/2583 kJ
34 g E · 38 g F · 25 g KH

Die Schalotten und den Knoblauch schälen und fein hacken. Das Olivenöl in einer Pfanne erhitzen und die Schalotten mit dem Knoblauch darin etwa 3 Minuten dünsten. Den Safran unterrühren und mit Wein angießen. Mit Salz und Pfeffer würzen. Die Sauce aufkochen und so lange köcheln lassen, bis sie zur Hälfte eingekocht ist.

Inzwischen die Tagliatelle in reichlich kochendem Salzwasser nach Packungsanweisung bissfest garen.

Den Mascarpone in die Sauce rühren, aufkochen und weitere 7 Minuten köcheln.

Tagliatelle auf Tellern verteilen, die Sauce darübergeben und mit den Kräutern anrichten. Dazu Parmesan reichen.

Steinpilze (porcini) sind die Lieblingspilze der Italiener. Obwohl in den italienischen Wäldern in Umbrien, den Marken, Latium und in der Toskana alljährlich zahlreiche essbare Pilzsorten zu finden sind, hat es dieser schmackhafte Vertreter mit dem großen braunen Hut den Pilzsammlern angetan. Die italienische Regierung hat mittlerweile Sammelmengen pro Person festgelegt, um der Euphorie Einhalt zu gebieten. Steinpilze werden gefüllt, gebraten, eingelegt und getrocknet.

Tortellini ai funghi

Für 4 Portionen
400 g Mehl, 4 Eier
Salz, 2 El Olivenöl

1/2 altbackenes Brötchen
1 Zwiebel
1 Knoblauchzehe
225 g Steinpilze
Pfeffer
1 Ei
75 g frisch geriebener Parmesan
2 El frisch gehackte Petersilie
100 g Butter

Zubereitungszeit 30 Minuten
(plus Ruhe-, Dünst- und Garzeit)
Pro Portion ca. 810 kcal/3402 kJ
29 g E · 43 g F · 77 g KH

TORTELLINI MIT STEINPILZEN

Das Mehl in eine Schüssel sieben und in die Mitte eine Mulde drücken. Die Eier und 1/2 Tl Salz hineingeben und alles von außen nach innen verrühren. 1 El OLivenöl zugeben und die Masse mit den Händen mindestens 5 Minuten kneten, bis ein glatter und glänzender Teig entstanden ist. Dieser darf nicht kleben. Den Teig in Folie wickeln und 30 Minuten ruhen lassen.

Inzwischen das Brötchen in warmem Wasser einweichen, die Zwiebel und den Knoblauch schälen und fein hacken. Die Pilze putzen, waschen, trockentupfen und ebenfalls fein hacken. 1 El OLivenöl in einer Pfanne erhitzen. Zwiebel, Knoblauch und Pilze darin etwa 5 Minuten unter Rühren dünsten. Mit Salz und Pfeffer würzen. Die Masse aus der Pfanne nehmen und leicht abkühlen lassen.

Das Brötchen gut ausdrücken und mit dem Ei unter die Pilzmasse mengen. Ist die Masse zu flüssig, 2–3 El Parmesan unterheben. Petersilie unterrühren und die Masse erneut abschmecken. Abkühlen lassen.

Den Nudelteig noch einmal durchkneten und auf einer bemehlten Fläche zu Teigplatten, etwa 2 mm dünn, ausrollen. Aus der Teigplatte Kreise ausstechen und auf einer Hälfte mit Füllung belegen. Die andere Hälfte zu einem Halbkreis darüberlegen. Die Ränder andrücken und die Halbkreise um einen Finger herumlegen und zu Tortellini formen. Tortellini in kochendem Salzwasser etwa 3 Minuten garen, mit einer Schaumkelle herausnehmen, abtropfen lassen und auf Tellern anrichten. Mit zerlassener Butter und restlichem Parmesan servieren.

Pappardelle al sugo di lepre

Für 4 Portionen
400 g küchenfertiges Hasenfleisch
50 g Pancetta (Bauchspeck)
1 Zwiebel
1 Staudensellerie
1 Möhre
1 Fleischtomate
2 El Olivenöl
Salz, Pfeffer
1/2 Tl getrockneter Thymian
100 ml trockener Weißwein
125 ml Fleischbrühe
400 g Papardelle (breite Bandnudeln)

Zubereitungszeit 30 Minuten
(plus Schmor- und Garzeit)
Pro Portion ca. 615 kcal/
2583 kJ
21 g E · 23 g F · 76 g KH

PAPPARDELLE MIT HASENRAGOUT

Das Fleisch zerkleinern, den Speck in feine Würfel schneiden. Die Zwiebel schälen und hacken. Sellerie und Möhre putzen, waschen und in Scheiben schneiden. Die Fleischtomate kurz in heißes Wasser tauchen, von Haut und Stielansatz befreien und in Stücke schneiden.

Das Olivenöl in einer Pfanne erhitzen und Speckwürfel darin anbraten. Das Hasenfleisch dazugeben und von allen Seiten gut anbraten. Sellerie, Möhre und Tomate zugeben und mitschmoren. Alles mit Salz, Pfeffer und Thymian würzen, Wein und Brühe zugeben und das Ragout bei geringer Temperatur und abgedeckt etwa 1 Stunde 20 Minuten schmoren.

Die Pappardelle in reichlich kochendem Salzwasser bissfest garen, abgießen und abtropfen lassen. Nudeln unter das Hasenragout mischen und servieren.

Ravioli di carne e spinaci

RAVIOLI MIT SPINAT/HACKFLEISCH UND SALBEIBUTTER

Für 4 Portionen
400 g Mehl
4 Eier
1 Tl Salz
1 El Olivenöl

1 Zwiebel
1 Knoblauchzehe
1 El frische Rosmarinnadeln
2 El Olivenöl
300 g Rinderhackfleisch
1 Lorbeerblatt
1/2 Tl Majoran
1/2 Tl Oregano
100 ml trockener Weißwein
500 g Spinat
4 Eier
50 g Paniermehl
2 El frisch geriebener Parmesan
Salz, Pfeffer, Muskatnuss
100 g Butter
2 El frische Salbeiblätter

Zubereitungszeit 40 Minuten (plus Garzeit)
Pro Portion ca. 868 kcal/ 3644 kJ
45 g E · 37 g F · 85 g KH

Aus den Teigzutaten einen Nudelteig zubereiten (siehe Seite 107). Den Teig ruhen lassen.

Zwiebel und Knoblauch schälen und hacken, den Rosmarin ebenfalls ganz fein hacken. Öl in einer Pfanne erhitzen, Zwiebel, Knoblauch und Rosmarin darin andünsten, dann Hackfleisch zugeben und unter Rühren 5 Minuten schmoren. Restliche Kräuter und Wein zugeben und die Mischung 10 Minuten köcheln lassen.

Den Spinat verlesen, waschen und in einem Topf mit 100 ml Wasser bei mittlerer Temperatur zusammenfallen lassen. Dann in einem Sieb abtropfen lassen und gut ausdrücken. Spinat fein hacken und zum Hackfleisch geben. Die Masse pürieren und mit Eiern, Paniermehl und Parmesan mischen. Mit Salz, Pfeffer und Muskat abschmecken.

Den Teig auf einer bemehlten Arbeitsfläche zu zwei dünnen Teigplatten ausrollen. Im Abstand von 3 cm auf eine Teigplatte kleine Häufchen der Füllung setzen und die zweite Teigplatte darüberlegen. Die Ränder festdrücken. Nun die Teigplatten zwischen der Füllung in breite Streifen schneiden. Mit einem Teigrädchen Ravioli ausschneiden. Ravioli in kochendem Salzwasser etwa 4 Minuten ziehen lassen, anschließend herausnehmen.

Die Butter in einer Pfanne zerlassen. Die gewaschenen Salbeiblätter in feine Streifen schneiden und in der Butter erhitzen. Ravioli mit der Salbeibutter und mit Parmesan bestreut servieren.

Lasagne

LASAGNE

Für 4 Portionen
Sauce Bolognese
90 g Butter
3 El Mehl
400 ml Milch
Salz, Pfeffer
400 g Lasagneblätter ohne Vorkochen
100 g frisch geriebener Parmesan

Zubereitungszeit 40 Minuten (plus Backzeit)
Pro Portion ca. 507 kcal/ 2131 kJ
19 g E · 38 g F · 21 g KH

Die Bologneser Fleischsauce wie auf Seite 101 beschrieben zubereiten und beiseitestellen.
Für die Bechamelsauce 4 El Butter in einem Topf schmelzen und mit dem Mehl unter Rühren eine Mehlschwitze herstellen. Die Milch zugießen, den Topf vom Herd nehmen und so lange rühren, bis eine klümpchenfreie Sauce entstanden ist. Topf zurück auf den Herd stellen und die Sauce etwa 10 Minuten köcheln. Mit Salz und Pfeffer abschmecken.
Backofen auf 200 °C (Umluft 180 °C) vorheizen. Eine feuerfeste Auflaufform mit 1 El Butter fetten und den Boden mit Lasagneblättern belegen. Nun abwechselnd Fleischsauce, Bechamelsauce und Parmesan daraufschichten. Mit Lasagneblättern abdecken und den Vorgang wiederholen, bis alle Zutaten aufgebraucht sind. Zum Schluss Bechamelsauce und Parmesan daraufgeben. Restliche Butter in Flöckchen auf die Lasagne geben und diese im Ofen etwa 35 Minuten backen.

Cannelloni con pomodoro e mozzarella

Für 4 Portionen
150 g Mehl
150 g Hartweizengrieß
1 Tl Salz
1,5 kg Tomaten
2 Knoblauchzehen
2 El Olivenöl
Salz
Pfeffer
1 Bund Basilikum
50 g eingelegte Sardellen
2 El eingelegte Kapern
300 g Mozzarella
100 g frisch geriebener Parmesan
Fett für die Form

Zubereitungszeit 50 Minuten (plus Backzeit)
Pro Portion ca. 802 kcal/ 3370 kJ
38 g E · 36 g F · 79 g KH

TOMATEN-MOZZARELLA-CANNELLONI

Aus Mehl, Grieß, Salz und 150 ml lauwarmem Wasser einen Nudelteig zubereiten (siehe Seite 107) und ruhen lassen.

Die Tomaten in heißes Wasser tauchen, häuten, von den Stielansätzen befreien und klein schneiden. Den Knoblauch schälen und hacken. Das Olivenöl in einer Pfanne erhitzen und die Tomaten mit dem Knoblauch darin andünsten. Bei geringer Temperatur etwa 30 Minuten köcheln, bis eine dickliche Sauce entstanden ist. Mit Salz und Pfeffer würzen. Davon 2 Saucenkellen voll abnehmen und beiseitestellen. Basilikum waschen, trockenschütteln und hacken. Sardellen und Kapern abtropfen lassen und hacken. Den Mozzarella in Würfel schneiden. Alles unter die Tomatensauce mischen und abkühlen lassen.

Den Backofen auf 200 °C (Umluft 180 °C) vorheizen. Den Nudelteig gut durchkneten und auf einer bemehlten Arbeitsplatte dünn ausrollen. In 10 x 10 cm große Quadrate schneiden und diese in kochendem Salzwasser etwa 30 Sekunden kochen. Abgießen, abschrecken und abtropfen lassen.

Eine Auflaufform einfetten. Die Teigstücke auslegen, mit der Füllung bestreichen, zusammenrollen und in die Form legen. Beiseitegestellte Tomatensauce über die Cannelloni geben und den geriebenen Käse darüberstreuen. Im Ofen etwa 30 Minuten goldgelb überbacken.

Fettuccine con lo speck

Für 4 Portionen
100 g frischer durchwachsener Speck
1 Zwiebel
1 Knoblauchzehe
3 El Olivenöl
150 ml Fleischbrühe
1 El frisch gehackte Petersilie
Salz, Pfeffer
4 Basilikumblätter
400 g Fettuccine
100 g frisch gehobelter Pecorino

Zubereitungszeit 20 Minuten
(plus Garzeit)
Pro Portion ca. 678 kcal/
2846 kJ
48 g E · 52 g F · 6 g KH

FETTUCCINE MIT SPECK

Den Speck in kleine Würfel schneiden. Zwiebel und Knoblauch schälen und fein hacken. Das Olivenöl in einer Pfanne erhitzen und den Speck darin gut anbraten. Zwiebel und Knoblauch zugeben und 2 Minuten mitschmoren.

Fleischbrühe und Petersilie dazugeben und mit Salz und Pfeffer würzen. Die Mischung bei geringer Temperatur zur Hälfte einkochen lassen.

Die Basilikumblätter waschen, trockenschütteln und fein schneiden. Nach der Reduzierung in die Sauce rühren.

Fettuccine in kochendem Salzwasser bissfest garen, abgießen, abschrecken und abtropfen lassen. Auf Teller verteilen, die Specksauce darübergeben und mit Käse bestreuen.

Primi

Rigatoni al pesto

RIGATONI MIT PESTO

Für 4 Portionen

3 El Pinienkerne
3 Knoblauchzehen
1 großes Bund Basilikum
100 ml Olivenöl
50 g frisch geriebener Parmesan
Salz
400 g Rigatoni

Zubereitungszeit 20 Minuten (plus Garzeit)
Pro Portion ca. 475 kcal/1995 kJ
12 g E · 28 g F · 45 g KH

Die Pinienkerne in einer Pfanne ohne Fett rösten. Dann fein hacken. Die Knoblauchzehen schälen und ebenfalls sehr fein hacken. Das Basilikum waschen, trockenschütteln und mit einer Kräuterwiege zerkleinern.

Pinienkerne, Knoblauch, Basilikum und Parmesan miteinander mischen und langsam das Olivenöl dazugeben. Alles glatt verrühren und salzen.

Die Nudeln in kochendem Salzwasser bissfest garen und danach abgießen, abschrecken und abtropfen lassen.

Die Nudeln in eine erwärmte Pfanne geben und gut mit dem Pesto verrühren. Auf Teller verteilen und servieren.

Penne con asparagi verdi

NUDELN MIT GRÜNEM SPARGEL

Für 4 Portionen
1 Bund Frühlingszwiebeln
2 El Olivenöl
400 g Tomaten in Stücken (Fertigprodukt)
Salz, Pfeffer
500 g grüner Spargel
400 g Nudeln nach Belieben
1/2 Bund Basilikum
1 El Butter
4 El frisch geriebener Parmesan

Zubereitungszeit 30 Minuten (plus Garzeit)
Pro Portion ca. 423 kcal/1775 kJ
14 g E · 19 g F · 49 g KH

Die Frühlingszwiebeln putzen, waschen und in Röllchen schneiden. Das Olivenöl in einem Topf erhitzen und die Frühlingszwiebeln darin glasig anschwitzen. Die Tomaten zugeben und bei mittlerer Temperatur etwa 7 Minuten köcheln, bis die Sauce etwas eindickt. Mit Salz und Pfeffer abschmecken.
Den Spargel waschen, unteres Stielende entfernen und den Spargel im unteren Drittel schälen. Den Spargel in Stücke von etwa 4 cm Länge schneiden und in kochendem Salzwasser etwa 10 Minuten garen. Herausnehmen und abtropfen lassen. Die Nudeln in kochendem Salzwasser bissfest garen. Das Basilikum waschen, trockenschütteln und in Streifen schneiden.
Die Butter in die Sauce geben, Spargel und Basilikum unterheben und abschmecken. Die Sauce noch etwa 3 Minuten köcheln. Spaghetti mit der Spargelsauce anrichten und mit Parmesan bestreut servieren.

Panzarotti ripieni di provolone

Für 4 Portionen
200 g Mehl, Salz
35 g Butter, 3 Eier
100 g Provolone picante
50 g gekochter Schinken
30 g frisch geriebener Parmesan
1 El frisch gehackte glatte Petersilie
Pfeffer
Maiskeimöl zum Frittieren

Zubereitungszeit 20 Minuten
(plus Ruhe- und Frittierzeit)
Pro Portion ca. 498 kcal/2090 kJ
22 g E · 29 g F · 36 g KH

TEIGTASCHEN MIT KÄSEFÜLLUNG

Das Mehl in eine Schüssel sieben, in die Mitte eine Mulde drücken und salzen. Die Butter in Flöckchen zugeben, 2 Eier trennen und die Eigelbe hineingleiten lassen. Alles zu einem glatten Teig verarbeiten. Sollte er zu fest sein, etwas Wasser untermengen. 20 Minuten ruhen lassen.

Den Provolone in Würfel schneiden, den Schinken in Streifen. Beides mit 1 Ei, Parmesan, Petersilie, Salz und Pfeffer verrühren. Den Teig etwa 5 mm dick ausrollen und Kreise von etwa 13 cm Durchmesser ausstechen. Die Füllung auf die Kreise geben und diese zu einem Halbkreis zusammenklappen. Die Ränder der Panzarotti mit 1 verquirltem Eiweiß bestreichen und gut andrücken.

Das Öl in einem hohen Topf oder der Fritteuse erhitzen und die Panzarotti darin von beiden Seiten goldgelb ausbacken. Auf Küchenpapier abtropfen lassen und servieren.

Penne all'arrabbiata

PENNE MIT SCHARFER SAUCE

Für 4 Portionen
500 g Tomaten
100 g durchwachsener Speck
1 Zwiebel, 1 Knoblauchzehe
2 El Olivenöl
2 getrocknete Pfefferschoten
Salz
Pfeffer
500 g Penne
1/2 Bund glatte Petersilie
50 g frisch geriebener
Schafskäse (Pecorino)

Zubereitungszeit 25 Minuten
(plus Schmor- und Garzeit)
Pro Portion ca. 573 kcal/2405 kJ
24 g E · 12 g F · 90 g KH

Die Tomaten kurz in heißes Wasser tauchen, von Häuten und Stielansätzen befreien und entkernen. Das Tomatenfruchtfleisch würfeln und pürieren. Den Speck ebenfalls in Würfel schneiden. Zwiebel und Knoblauch schälen und fein hacken.

Das Olivenöl in einer Pfanne erhitzen und den Speck darin anbraten. Zwiebeln und Knoblauch zugeben und einige Minuten mitschmoren.

Tomatenpüree einrühren und die Pfefferschoten dazubröseln. Mit Salz und Pfeffer abschmecken. Die Mischung bei geringer Temperatur etwa 10 Minuten köcheln.

Die Penne in kochendem Salzwasser bissfest garen. Dann abgießen und abtropfen lassen. Penne und gehackte Petersilie unter die Sauce mischen und alles mit Käse bestreuen.

Risotto alla milanese

Für 4 Portionen
1 Zwiebel
50 g Butter
50 ml trockener Weißwein
400 g Risottoreis (z.B. Arborio)
1 l Gemüsebrühe
1/2 Tl Safranfäden
50 g frisch geriebener Parmesan

Zubereitungszeit 15 Minuten (plus Schmor- und Garzeit)
Pro Portion ca. 548 kcal/2300 kJ
12 g E · 19 g F · 80 g KH

RISOTTO MAILÄNDER ART

Die Zwiebel schälen und fein hacken. 2 El Butter in einem großen Topf schmelzen und die Zwiebel darin andünsten. Den Wein zur Zwiebel geben und die Flüssigkeit bei mittlerer Temperatur fast vollständig verkochen lassen.

Den Reis in den Topf geben und unter Rühren etwa 1 Minute schmoren, bis er gut mit Flüssigkeit überzogen ist. Nach und nach die Brühe angießen und einkochen lassen. Erst neue Brühe zugeben, wenn alles vom Reis aufgesogen ist.

Nach etwa 10 Minuten ist der Reis halb gar. Die Safranfäden in die verbliebene Brühe rühren und alles zum Reis geben.

Weitere 15 Minuten köcheln, bis der Reis schön cremig, aber noch bissfest ist.

Die restliche Butter und den Käse unter den Reis rühren und das Risotto abgedeckt noch einige Minuten ziehen lassen. Mit Parmesan servieren.

Risotto nero

RISOTTO MIT TINTENFISCH

Für 4 Portionen
750 g küchenfertige Tintenfische mit Tintenbeuteln
2 Knoblauchzehen
1 Zwiebel
6 El Olivenöl
Saft von 1 Limette
150 ml trockener Weißwein
750 ml Fischfond
350 g Vialone-Reis
Salz, Pfeffer

Zubereitungszeit 30 Minuten
(plus Marinier- und Garzeit)
Pro Portion ca. 538 kcal/2258 kJ
37 g E · 9 g F · 37 g KH

Die Tintenfische waschen, trockentupfen und die Tintenbeutel vorsichtig in eine Schüssel legen. Den Tintenfisch in Streifen schneiden. Knoblauch und Zwiebel schälen und fein hacken. Den Knoblauch mit 3 El Olivenöl und dem Limettensaft mischen und über die Tintenfischstreifen geben. 30 Minuten durchziehen lassen.
Anschließend restliches Olivenöl in einem Topf erhitzen und die Zwiebel darin glasig dünsten. Die abgetropften Tintenfischstreifen in den Topf geben und anschmoren. Wein und Marinade angießen. Nun die Tintenbeutel öffnen und die Tinte dazugeben. 150 ml Fischfond angießen, aufkochen und alles etwa 15 Minuten köcheln lassen.
Den Reis in den Topf geben und gut verrühren. Nach und nach den Fischfond angießen und den Reis die Flüssigkeit aufnehmen lassen, bevor neue hinzugegeben wird. Nach etwa 20 Minuten sollte der Reis schön cremig und der Fischfond aufgebraucht sein. Das Risotto mit Salz und Pfeffer abschmecken.

Während weiße Trüffel immer fein gehobelt roh zu Reis oder Pasta gegessen werden, sollten die schwarzen vor dem Verzehr schonend erwärmt werden.

Risotto ai tartufi

RISOTTO MIT TRÜFFELN

Für 4 Portionen
3 El Olivenöl
350 g Arborio-Reis
Salz
Pfeffer
300 ml Sahne
1–2 weiße oder schwarze Trüffel
1 l Hühnerbrühe
4 El frisch geriebener Parmesan

Zubereitungszeit 20 Minuten (plus Garzeit)
Pro Portion ca. 423 kcal/1775 kJ
14 g E · 9 g F · 71 g KH

Das Olivenöll in einem großen Topf erhitzen und den Reis dazugeben. Unter Rühren einige Minuten schmoren, bis der Reis schön mit Fett überzogen ist. Mit Salz und Pfeffer würzen. Die Sahne einrühren.

Die Trüffel putzen, feucht abreiben, einige Scheiben dünn abhobeln und beiseitestellen, den Rest hacken und unter den Reis mischen.

Die Hühnerbrühe erhitzen und suppenkellenweise zum Reis geben. Jeweils erst die nächste Kelle Brühe zugeben, wenn der Reis die Flüssigkeit aufgenommen hat. Auf diese Weise nach und nach die Brühe aufbrauchen. Nach etwa 35 Minuten sollte der Reis schön cremig, aber noch bissfest sein.

Risotto mit Trüffelscheiben und Parmesan bestreut servieren.

Primi

Pilzsauce
700 g Mischpilze
1 Zwiebel
1 El Olivenöl
60 g Butter
1 getrocknete Pfefferschote
Salz
Pfeffer
100 ml trockener Weißwein
1/2 Bund frisch gehackte glatte Petersilie

Tomatensauce
1 Zwiebel
1 Knoblauchzehe
1/2 Stangensellerie
1 kg Tomaten
2 El Olivenöl
6 gehackte Basilikumblätter
1/2 Bund frisch gehackte Petersilie
1/2 Tl gehackte Thymian-blätter
1 Lorbeerblatt
Salz, Pfeffer.

Polenta con due salse

Für 4 Portionen
675 ml Gemüsebrühe
Salz
150 g Maisgrieß
2 Knoblauchzehen
130 g Butter
100 g frisch geriebener Parmesan
Pfeffer

Zubereitungszeit 30 Minuten (plus Garzeiten)
Pro Portion ca. 805 kcal/3381 kJ
20 g E · 62 g F · 39 g KH

POLENTA MIT ZWEI SAUCEN

Die Gemüsebrühe in einem Topf aufkochen und salzen. Nach und nach unter Rühren den Grieß einrieseln lassen und bei geringer Temperatur weiter rühren, bis die Polenta andickt und sich leicht vom Topfrand löst. Knoblauch schälen und fein hacken. Mit Butter, Parmesan, Salz und Pfeffer unter die Polenta rühren, bis sie sämig ist.

Für die Pilzsauce die Pilze putzen, waschen und grob zerkleinern. Die Zwiebel schälen und hacken. Olivenöl und Butter in einem Topf erhitzen und die Pilze mit der Zwiebel darin etwa 5 Minuten andünsten. Den Wein angießen und fast einkochen lassen. Die Sauce mit Salz, Pfeffer und der zerbröselten Pfefferschote würzen. Die Petersilie unterheben.

Für die Tomatensauce Zwiebel und Knoblauch schälen und fein hacken. Den Sellerie putzen, waschen und fein würfeln. Die Tomaten enthäuten, von Stielansätzen und Kernen befreien und würfeln.

Das Olivenöl in einem Topf erhitzen und Zwiebel mit Knoblauch darin andünsten. Sellerie und Tomaten mit den gehackten Kräutern und dem Lorbeerblatt zugeben und bei geringer Temperatur etwa 40 Minuten köcheln. Dann das Lorbeerblatt entfernen und die Sauce mit Salz und Pfeffer abschmecken.

Die Polenta auf Teller verteilen und mit den beiden Saucen servieren.

Scampi alla veneziana

AUSGEBACKENE GARNELEN

Für 4 Portionen
24 rohe Garnelen mit Schale
3 El Mehl
3 Eier
Salz
Pfeffer
Frittieröl
2 Zitronen
2 Dillzweige

Zubereitungszeit 20 Minuten
(plus Frittierzeit)
Pro Portion ca. 775 kcal/3255 kJ
129 g E · 17 g F · 22 g KH

Die Garnelen von Köpfen und Schalen befreien. Den Hinterleib mit einem scharfen Messer aufschneiden und den Darm entfernen. Garnelen waschen und trockentupfen. Dann mit Mehl bestäuben.

Die Eier verquirlen und mit Salz und Pfeffer würzen. Das Öl in einem großen Topf oder der Fritteuse erhitzen.

Die Scampi in der Eimasse wenden, kurz abtropfen lassen und im heißen Öl etwa 3 Minuten goldgelb ausbacken. Dann auf Küchenpapier abtropfen lassen.

Zitronen heiß abwaschen und halbieren. Dill waschen und trockenschütteln. Garnelen mit den Zitronenhälften und gehacktem Dill servieren. Dazu passt Ciabatta.

Primi

Cozze ripiene

GEFÜLLTE MIESMUSCHELN

Für 4 Portionen
1,5 kg Miesmuscheln
5 Eier
250 g Paniermehl
125 g frisch geriebener Pecorino
3 El frisch gehackte Petersilie
1 Knoblauchzehe
3 El Olivenöl
400 g passierte Tomaten
1 El frisch gehackter Oregano
Salz und Pfeffer

Zubereitungszeit 30 Minuten (plus Backzeit)
Pro Portion ca. 768 kcal/3224 kJ
60 g E · 30 g F · 64 g KH

Die Miesmuscheln unter fließendem Wasser gut abbürsten, geöffnete Muscheln wegwerfen. Den Backofen auf 200 °C (Umluft 180 °C) vorheizen. In einem großen Topf Wasser zum Kochen bringen und die Muscheln darin etwa 5 Minuten garen, bis sie sich geöffnet haben. Ungeöffnete Muscheln entfernen. Muscheln abgießen und abtropfen lassen.
Die Eier verquirlen und mit dem Paniermehl und dem Käse mischen. Die Petersilie unterheben und alles zu einer cremigen Masse schlagen. Die geöffneten Muscheln auf ein Backblech legen und die Eimasse darüber verteilen. Die Muschelschalen vorsichtig schließen und die Muscheln im Ofen etwa 15 Minuten backen.
Für die Sauce den Knoblauch schälen und fein hacken. Das Olivenöl in einem Topf erhitzen und den Knoblauch darin andünsten. Die Tomaten zugeben und die Mischung etwa 10 Minuten bei mittlerer Temperatur köcheln. Mit Salz, Pfeffer und Oregano abschmecken.

Calamari alla calabrese

GEFÜLLTE TINTENFISCHE MIT KARTOFFELN

Für 4 Portionen
2 Brötchen vom Vortag
3 Knoblauchzehen
1 Bund glatte Petersilie
2 Eier
Salz
Pfeffer
12 mittelgroße küchenfertige Tintenfische mit Fangarmen
1 Zwiebel
2 große Tomaten
500 g Kartoffeln
1 getrocknete Pfefferschote
4 El Olivenöl

Zubereitungszeit 45 Minuten (plus Einweich- und Backzeit)
Pro Portion ca. 805 kcal/3381 kJ
104 g E · 22 g F · 46 g KH

Für die Füllung die Brötchen in warmem Wasser einweichen. Knoblauch schälen und fein hacken. Die Petersilie waschen, trockenschütteln und hacken. Die Brötchen nach 10 Minuten gut ausdrücken. Brötchen mit den Eiern, einem Drittel des Knoblauchs und der Hälfte der Petersilie in einer Schüssel mischen, mit Salz und Pfeffer würzen.

Die Tintenfische gut waschen und trockentupfen und die Füllung in die Körper geben (darauf achten, dass nur die Hälfte des Körpers gefüllt ist, da die Füllung sich beim Backen ausdehnt). Die Öffnungen mit Holzspießen zustecken.

Den Backofen auf 160 °C (Umluft 140 °C) vorheizen.

Die Zwiebel schälen und in Ringe schneiden. Die Tomaten heiß überbrühen, von Häuten, Stielansätzen und Kernen befreien und das Fruchtfleisch in Würfel schneiden. Die Kartoffeln waschen, schälen und in etwa 1 cm dicke Scheiben schneiden. Pfefferschote zerbröseln.

Zwiebelringe, Tomatenwürfel und restlichen Knoblauch in eine große Form oder die Fettpfanne des Ofens legen, salzen und pfeffern und 3 El Wasser zugeben. Die Kartoffelscheiben darüberschichten, obenauf die Tintenfische legen.

Mit Pfefferschote bestreuen und mit Olivenöl beträufeln. Die Form mit Folie abdecken und die Tintenfische im Ofen etwa 1 Stunde garen. Heiß mit der restlichen Petersilie bestreut servieren.

Primi

Pizza

Pizza ist und bleibt das Nationalgericht Italiens und eines der Synonyme für die italienische Küche. Das einstige Arme-Leute-Essen aus einfachem Hefeteig hat sich längst gemausert und wartet mit großem Variantenreichtum auf. Wagenradgroß wird Pizza in den zahllosen Pizzerien Italiens serviert, als Minipizza oder Pizzette ist sie ein Snack für zwischendurch. Bereits 1830 eröffnete die „Pizzeria Port'Alba" ihre Pforten in der Via Port'Alba in Neapel; sie gilt als erste Pizzeria und existiert noch heute.

Das Grundrezept des Teigs aus Mehl, Hefe, Wasser und Salz (eventuell noch Olivenöl) hat sich seit über 100 Jahren nicht verändert. Gebacken wird eine Pizza in der Pizzeria bei 400 bis 450 Grad in einem mit Holz befeuerten Ofen mit Steinplatte. So wird der Boden knusprig, der Belag hat Biss und bleibt saftig. Im südlichen Italien hat sich ein dicker, lockerer Boden durchgesetzt. Doch in Neapel und weiter nördlich wird Pizzateig dünn ausgerollt und mit dem Belag nicht überladen. Nach einer Backzeit von etwa zwei Minuten wird die fertige Pizza zweifach „a libretto" gefaltet und ohne Besteck verzehrt. Auch in vielen italienischen Pizzerien ist es völlig legitim, die Pizza zu schneiden und mit der Hand zu essen. Ist aber in einem Lokal das passende Besteck bereitgelegt, dann sollte man es auch verwenden.

Bevorzugt man die Urpizza ohne Tomaten, bestellt man eine Pizza bianca. Nicht vergessen werden sollte auch das Focaccia – das einfache, unbelegte Pizzabrot aus Originalteig. Gern wird es als Vorspeise gereicht, zusammen mit Knoblauchcreme oder ganz klassisch mit einem guten Olivenöl.

Im Jahre 1889 rollte Raffaele Esposito, Bäcker der Pizzeria Brandi in Neapel, den Hefeteig dünn aus, bestrich ihn mit Olivenöl und drapierte Tomaten, Büffel-Mozzarella und Basilikum darauf. Königin Margherita Maria Teresa Giovanna, Gattin König Umbertos I. von Italien, hat die Pizza in den Nationalfarben Italiens so gut geschmeckt, dass diese fortan mit ihrem Namen versehen werden durfte. Die Pizza Margherita, ein Klassiker, war geboren.

Sie ist in der Regel Basis für andere Klassiker, die um weitere Zutaten ergänzt wird. Einfach, aber schmackhaft ist die Pizza aglio e olio, die mit Öl, Knoblauch und Oregano zubereitet wird. Freunde mediterraner Genüsse dürfen sich über eine Pizza con cozze mit Knoblauch, Öl, Petersilie sowie Miesmuscheln freuen. Werden statt derer Venusmuscheln verwendet und Oregano beigefügt, spricht man von einer Pizza alle vongole. Verwendet wird in allen Fällen ein sehr gutes Olivenöl, z.B. ein „extra virgine" aus erster Pressung, das besonders hitzeverträglich ist. Es wird in Form einer 6 auf den Boden geträufelt und dann nach den Seiten hin verteilt.

Üppiger belegt kommt die klassische Pizza capricciosa daher – mit Kochschinken, Pilzen und Artischockenherzen sowie Oliven ist sie ein echter Gaumenschmaus. Auch Calzone wird zu den Pizzen gezählt. Die Besonderheit? Bevor sie in den Ofen geschoben wird, klappt der Bäcker sie zusammen. Ursprünglich wurde sie, wie die Pizza fritta, nicht gebacken, sondern in einer Pfanne gebraten. Noch heute besteht die Füllung aus Schinken, frischen Pilzen, Ricotta, Mozzarella und Tomaten.

Nur bei den Klassikern verweist der Name auf die Zutaten. Ansonsten sind die Pizzabäcker frei in ihrer Bezeichnung. Eine interessante Abwandlung ist, statt des Mozzarella zu Parmesan oder Pecorino als Belag zu greifen. Wer sichergehen will, eine Pizza nach Originalrezept vorgesetzt zu bekommen, achtet darauf, dass die gewählte Pizzeria ihre Produkte als *Verace Pizza napoletana* anpreist. Hier wird nach Vorgabe der *Associazione Verace Pizza Napoletana* Wert auf traditionelle Herstellung und Verwendung der Zutaten gelegt.

Pizza capricciosa

Für 1 runde Pizzaform

Hefeteig
250 g Mehl
25 g Hefe
Salz
4 El Olivenöl
125 l lauwarmes Wasser

Tomatensauce
400 g Tomaten
2 El Olivenöl
Salz
Pfeffer
1/2 Tl Zucker
1 Tl getrockneter Thymian
1/2 Tl getrockneter Oregano
2 Knoblauchzehen

Belag
150 g gekochter Schinken
6 Sardellenfilets
100 g schwarze Oliven
10 Artischockenherzen
(aus dem Glas)
150 g Mozzarella

Zubereitungszeit 50 Minuten
(plus Ruhe- und Backzeit)
Pro Portion ca. 600 kcal/2520 kJ
33 g E · 29 g F · 52 g KH

PIZZA CAPRICCIOSA

Das Mehl in eine Schüssel sieben und in die Mitte eine Mulde drücken. Die Hefe in 125 l warmem Wasser verrühren und diesen Brei in die Mulde gießen. Etwas Mehl darüberstäuben und 15 Minuten an einem warmen Ort gehen lassen.

100 ml Wasser, 1 Msp. Salz und das Olivenöl zum Vorteig geben und alles zu einem glatten Teig verarbeiten. Den Teig mindestens 10 Minuten gut durchkneten, bis er fest, aber geschmeidig ist. Den Teig abgedeckt etwa 1 Stunde an einem warmen Ort gehen lassen.

Die Tomaten kurz in heißes Wasser geben, dann häuten, Stielansätze und Kerne entfernen und das Tomatenfruchtfleisch in Würfel schneiden. In einen Topf mit 1 El Olivenöl geben und bei hoher Temperatur etwa 7 Minuten kochen, dabei etwas einkochen lassen. Mit Salz, Pfeffer, Zucker und den Kräutern abschmecken. Knoblauch hacken und unter die Tomatensauce heben.

Den Backofen auf 250 °C (Umluft 225 °C) vorheizen. Eine runde Pizzaform mit dem restlichen Öl einfetten. Den Teig ausrollen und in die Form legen, dabei die Teigränder hochziehen. Den Teig erneut 15 Minuten gehen lassen.

Den Schinken in Streifen schneiden. Die Sardellenfilets gut abspülen und trockentupfen. Die Oliven halbieren und entsteinen. Die Artischockenherzen abtropfen lassen und halbieren. Mozzarella in kleine Würfel schneiden.

Die Tomatensauce auf dem Teig verteilen, dann Schinken, Oliven, Sardellen und Artischocken daraufgeben. Mit Salz und Pfeffer würzen, dann den Mozzarella darüber verteilen. Pizza im Ofen etwa 15 Minuten backen.

Pizza alla vongole

PIZZA MIT MUSCHELN

Für 1 runde Pizzaform
Hefeteig
Tomatensauce
500 g Venusmuscheln
1 Knoblauchzehe
4 El Olivenöl
1/2 Bund glatte Petersilie
1 Tl getrockneter Oregano
Pfeffer
100 g Mozzarella

Zubereitungszeit 50 Minuten
(plus Ruhe-, Koch- und Backzeit)
Pro Portion ca. 475 kcal/1995 kJ
27 g E · 16 g F · 55 g KH

Den Hefeteig nach dem Rezept von Seite 143 zubereiten und ruhen lassen. Die Tomatensauce ebenfalls vorbereiten.

Die Muscheln sorgfältig waschen, geöffnete Exemplare wegwerfen. Die Knoblauchzehe schälen und grob hacken. Die Muscheln mit Öl, Knoblauch und der Hälfte der Petersilie in einem Topf ohne Wasser etwa 5 Minuten dämpfen, bis sich alle Schalen geöffnet haben. Noch geschlossene Muscheln sind verdorben, diese entfernen.

Die restliche Petersilie waschen, trockenschütteln und hacken. Den Teig ausrollen und in die Pizzaform legen. 15 Minuten ruhen lassen. Backofen auf 250 °C (Umluft 225 °C) vorheizen.

Das Muschelfleisch mit einem Messer aus den Schalen lösen. Den Mozzarella würfeln. Die Tomatensauce auf dem Teig verteilen, dann die Muscheln darauflegen. Mit Salz, Pfeffer und Oregano würzen, mit gehackter Petersilie und Mozzarella belegen. Im Ofen etwa 15 Minuten backen.

Calzone con ripieno di carne

CALZONE MIT FLEISCHFÜLLUNG

Für 1 Calzone
1 Hefeteig (siehe Seite 143)
150 g kalter Braten, Salami, Mortadella oder gekochter Schinken
2 Frühlingszwiebeln
1 Knoblauchzehe
2 Tomaten
100 g Rucola
1 Ei
1 El Tomatenmark
Salz
Pfeffer
1 Tl Thymian
1 Tl Oregano
50 g geriebener Pecorino
1 El Olivenöl

Zubereitungszeit 50 Minuten (plus Ruhe- und Backzeit)
Pro Portion ca. 319 kcal/1340 kJ
26 g E · 18 g F · 13 g KH

Einen Hefeteig herstellen wie auf Seite 143 beschrieben und den Teig etwa 1 Stunde gehen lassen.

Den kalten Braten, die Wurst oder den Schinken in kleine Würfel schneiden. Die Frühlingszwiebeln putzen, waschen und in Ringe schneiden, den Knoblauch schälen und fein hacken. Die Tomaten überbrühen, häuten, von Stielansätzen und Kernen befreien und in Würfel schneiden. Den Rucola waschen, trockentupfen und grob zerkleinern.

Den Teig auf einer bemehlten Arbeitsfläche zu einem Kreis von ca. 35 cm Durchmesser ausrollen. Das Ei verschlagen und die Teigränder damit einstreichen. Das Tomatenmark auf dem Teig verteilen. Den Backofen auf 250 °C (Umluft 225 °C) vorheizen. Eine Hälfte des Teiges mit den Zutaten belegen, mit Salz, Pfeffer und den Kräutern würzen und den Käse zugeben. Den Teig zur Hälfte zusammenklappen und am Rand gut festdrücken. Calzone mit dem restlichen Ei bestreichen.

Ein Backblech mit Olivenöl einstreichen und die Calzone darauf- legen. Im Ofen etwa 20 Minuten backen. Sehr heiß servieren.

Parmesan ist ein italienischer Hartkäse aus Rohmilch. Der Parmigiano Reggiano (DOC.) stammt aus der Region Emilia Romagna. Monats- und Jahrgangsbezeichnung findet man in der Rinde eingestanzt. Er hat ein kräftiges, volles Aroma, das jedoch nicht dominiert. Deshalb wird er gerne zum Überbacken verwendet, gerieben zur Pasta serviert oder in Stücken zum Chianti gegessen.

Pizza alla calabrese

Für 1 runde Pizzaform
1 Hefeteig
Tomatensauce
1 Zwiebel
1 Knoblauchzehe
150 g Thunfisch (aus der Dose)
4 Sardellenfilets
1 El Kapern
50 g schwarze Oliven ohne Stein
1 El getrockneter Thymian
Salz, Pfeffer
50 g frisch geriebener Parmesan

Zubereitungszeit 50 Minuten
(plus Ruhe- und Backzeit)
Pro Portion ca. 503 kcal/2111 kJ
23 g E · 24 g F · 49 g KH

PIZZA CALABRESE

Hefeteig und Tomatensauce nach den Rezepten auf Seite 143 herstellen. Den Teig gehen lassen.

Die Zwiebel und den Knoblauch schälen und in Ringe schneiden bzw. hacken. Den Thunfisch abtropfen lassen. Die Sardellenfilets abspülen, trockentupfen und klein schneiden. Die Kapern abtropfen lassen. Den Backofen auf 250 °C (Umluft 225 °C) vorheizen. Den Teig ausrollen und in die gefettete Form legen. Den Rand hochdrücken. Die Tomatensauce daraufstreichen.

Die restlichen Zutaten (außer Gewürzen und Käse) auf dem Teig verteilen und mit Salz, Pfeffer und Thymian würzen. Den Käse darüberstreuen und die Pizza im Ofen etwa 15 Minuten backen.

Pizza frutti di mare

PIZZA MIT MEERESFRÜCHTEN

Für 1 runde Pizzaform
Hefeteig
Tomatensauce
100 g kleine küchenfertige Calamari (Tintenfische)
200 g frische Garnelen
100 g Venusmuscheln (aus dem Glas)
1 Bund Basilikum
Salz, Pfeffer
1 El Olivenöl
3 El frisch geriebener Pecorino
Fett für die Form

Zubereitungszeit 50 Minuten
(plus Ruhe-, Dämpf- und Backzeit)
Pro Portion ca. 415 kcal/1743 kJ
26 g E · 12 g F · 50 g KH

Hefeteig und Tomatensauce nach den Rezepten auf Seite 143 herstellen. Den Teig gehen lassen.

Die Tintenfische waschen, trockentupfen und in etwas Wasser ca. 5 Minuten dämpfen. Abgießen, abschrecken und abtropfen lassen. Die Garnelen schälen und den Darm entfernen. Die Muscheln abtropfen lassen.

Den Backofen auf 200 °C (Umluft 180 °C) vorheizen. Den Teig ausrollen, in die gefettete Form legen und den Rand hochdrücken. Kurz gehen lassen. Dann mit Tomatensauce bedecken und mit Meeresfrüchten belegen.

Basilikum waschen, trockenschütteln und grob hacken. Auf die Pizza streuen und alles mit Salz und Pfeffer würzen. Olivenöl und Käse darauf verteilen und im Ofen etwa 15 Minuten backen.

Balsamico

Allein der Name zergeht auf der Zunge: Balsamico. Doch bei näherer Betrachtung zeigt sich, dass es unter dieser Bezeichnung zwei Brüder gleichen Namens gibt, die unterschiedlicher kaum sein können: Aceto Balsamico – ein guter Essig – und Aceto Balsamico Tradizionale – ein Elixier. Letzterer darf nur nach althergebrachter Machart und nur in Modena (ABTM) und in der Reggio Emilia (ABT di RE) hergestellt werden.

Traditioneller Balsamico wird ausschließlich aus dem eingekochten Traubenmost weißer Trauben hergestellt. In Modena werden hauptsächlich Trauben der Sorten Trebbiano und Sauvignon ausgewählt, in der Reggio Emilia wird auch Lambrusco-Most verwendet. Im Gegensatz zu einfachem Balsamico di Modena oder Balsamico bianco – aus Traubenmostkonzentrat und Weinessig – werden bei der traditionellen Herstellung keine Konservierungsstoffe zugefügt.

Ein weiterer Unterschied liegt in der Reifung: Für gewöhnlichen Weinessig wird Wein in Flaschen gezogen und in dunklen Kellern gereift. Traditioneller Balsamico durchläuft über viele Jahre verschiedene Stationen in Holzfässern, die auf luftigen Dachböden zu finden sind. Jedes Fass dieser „Batteria" besteht aus einem anderen Holz. Erst ein großer Bottich aus Eiche oder Kastanie, später dann kleiner werdende Fässer aus Kirsche und anderen aromatisch-edlen Hölzern. Wird einem Fässchen etwas entnommen, füllt es der Essigmacher aus einem größeren Fass wieder auf und lagert es weiter. Die rechte Mischung wird von Generation zu Generation weitergegeben. Nach etwa 25 Jahren gewinnt man aus 100 Kilo Trauben sechs bis elf Fläschchen Balsamico – und keine Flasche enthält mehr als 100 ml.

Traditioneller Balsamico aus Modena und Umgebung wird in den Qualitäten über zwölf Jahre und über 25 Jahre angeboten. Da eine Altersangabe auf dem Etikett nicht zulässig ist, erkennt man die besseren Sorten an der Kapsel – cremefarben oder rot für den jungen bzw. golden für den länger gereiften Balsamico. Die Bezeichnung „extravecchio" darf nur für Produkte verwendet werden, die älter als ein Vierteljahrhundert sind. Die hochwertigen Erzeugnisse aus der Reggio Emilia sind über zwölf, 18 bzw. 25 Jahre alt. Auch diese werden nur in 100 ml-Abfüllungen offeriert. Bevor Balsamico aber das Prädikat ABT erhält, muss er von unabhängigen Prüfern für würdig befunden werden.

In diesem Alter ist Balsamico längst nicht mehr flüssig, seine Konsistenz erinnert eher an Honig – oder eben Balsam. Selbst einmal geöffnet ist die Haltbarkeit nahezu unbegrenzt, doch sollte die Flasche immer luftdicht verschlossen werden. Zur Verwendung gibt es in der norditalienischen Küche keine Einschränkungen. Herzhafte Wildgerichte bekommen durch die Beigabe des Würz-Elixiers, das immer erst nach dem Servieren zugefügt wird, eine ganz spezielle Note. Auch ein zarter Braten oder ein Risotto lassen sich derart verfeinern. Liebhaber fügen selbst Süßspeisen wie Eis oder frischen Früchten ein oder zwei Tröpfchen zu – mehr bedarf es nicht.

Für den Alltag lässt sich als Äquivalent zu Essig auch einfacher Balsamico verwenden. Dann aber sollte man darauf achten, dass Traubenmost oder Traubenmostkonzentrat bei den Inhaltsstoffen an erster Stelle steht. Die Qualität eines guten Aceto Balsamico di Modena drückt sich im Preis aus. Gut geeignet ist er sowohl zum Kochen als auch zum Anrichten von Salaten.

Besuchern der Ursprungsregionen sei ein Abstecher nach Spilamberto bei Modena ans Herz gelegt, wo den traditionellen Herstellungsmethoden des Balsamico ein Museum gewidmet ist. Lohnenswert ist auch der Besuch bei einem Essigmacher – neben einer Verkostung werden häufig auch weitere Balsamico-Produkte angeboten.

Balsamico **153**

Secondi

Beim zweiten Gang ist alles anders. Die Secondi piatti sind keine kompletten, vorab zubereiteten Mahlzeiten – der Gast selbst stellt sie zusammen. Contorni, die Beilagen, wie Kartoffeln, Gemüse oder Salat, werden separat bestellt. Pasta- oder Reisspeisen sucht man bei den Secondi vergeblich. Dafür finden sich Fisch, Fleisch und Geflügel, die Schwerpunkte variieren je nach Region. Als leichte Kost kann der zweite Gang aus einem vegetarischen Gericht oder aber einer Käseplatte bestehen.

Entlang den Küsten werden unzählige Variationen von Pesce, frischem Fisch, sowie Gerichten mit Meeresfrüchten offeriert. Typisch für Venetien ist das Tris del Baccalà aus drei verschiedenen Stockfischzubereitungen. Im Bergland sollte man sich während der Jagdzeit nicht die Chance entgehen lassen, Wildgerichte zu probieren. Auf der Speisekarte werden diese unter Cacciagione (gesprochen Katschadschone) geführt. Apulien ist bekannt für das dort servierte Lammragout mit Pilzen – Agnello gratinato ai funghi genannt.

Scaloppine al marsala

Für 4 Portionen

4 Schweineschnitzel
Salz, Pfeffer
4 El Mehl
3 El Butterschmalz
75 ml Marsala
50 ml Fleischbrühe

Zubereitungszeit 15 Minuten (plus Bratzeit)
Pro Portion ca. 572 kcal/2404 kJ
41 g E · 33 g F · 28 g KH en

SCHNITZEL MIT MARSALASAUCE

Die Schnitzel flach klopfen. Mit Salz und Pfeffer einreiben und im Mehl wenden.

Das Butterschmalz in einer Pfanne erhitzen und die Schnitzel darin von beiden Seiten etwa 4 Minuten braten. Aus der Pfanne nehmen und warm stellen.

Den Bratensaft mit Marsala und Brühe ablöschen und um ein Drittel einkochen lassen. Die Schnitzel anrichten und mit der Marsalasauce servieren.

Manzo al barolo

RINDERBRATEN IN BAROLO

Für 4 Portionen
2 Knoblauchzehen
50 g Bauchspeck
2 Möhren
1/2 Stangensellerie
1 kg Rinderschulter
1 Tl Pfefferkörner
10 Wacholderbeeren
2 Lorbeerblätter
1 Zimtstange
2 Nelken
1 Prise Zucker
1 Rosmarinzweig
1 Thymianzweig
1 Flasche Barolo (0,75 l)
3 El Marsala
Salz
Pfeffer
4 El Olivenöl
2 El Butterschmalz
Mehl zum Bestäuben
2 El Cognac
2 Stängel Petersilie

Zubereitungszeit 30 Minuten
(plus Marinier- und Schmorzeit)
Pro Portion ca. 1032 kcal/4336 kJ
57 g E · 62 g F · 21 g KH

Die Knoblauchzehen schälen und halbieren. Den Speck in Streifen schneiden. Die Möhren schälen, den Sellerie putzen. Gemüse waschen und in Scheiben schneiden. Auf dem Fleisch mit einem Messer mehrere Einschnitte anbringen und mit Knoblauch und Speckstreifen spicken.

Das Fleisch in eine Schüssel legen, das Gemüse zugeben. Pfefferkörner und Wacholderbeeren grob zerdrücken und mit Lorbeerblättern, Zimt, Nelken, Zucker und den Kräuterzweigen zum Fleisch geben. Wein und Marsala zugießen und das Fleisch abgedeckt 12 Stunden im Kühlschrank marinieren. Einmal wenden.

Das Fleisch aus der Marinade nehmen und gut trockentupfen. Mit Salz und Pfeffer einreiben. Die Marinade durch ein Sieb gießen, die Flüssigkeit auffangen, Gemüse und Kräuterzweige gut abtropfen lassen.

Das Olivenöl und das Butterschmalz in einem großen Bräter erhitzen und das Gemüse mit den Kräutern darin andünsten. Das Fleisch mit Mehl bestäuben und im heißen Fett von allen Seiten gut anbraten. Mit Cognac ablöschen.

Die Marinade zum Fleisch gießen, Petersilie waschen und ebenfalls zugeben. Fleisch bei mittlerer Temperatur abgedeckt etwa 2 Stunden 30 Minuten schmoren, bis es sehr weich ist. Braten und Kräuterzweige aus dem Topf nehmen und die Sauce pürieren. Mit Salz und Pfeffer abschmecken. Den Braten aufschneiden und mit der Sauce servieren. Dazu passt Polenta.

Arrosto di manzo ripieno di parmigiano

GEFÜLLTES RINDERFILET

Für 4 Portionen
1 Bund Petersilie
1 Estragonzweig
4 Salbeiblätter
3 El frisch geriebener Parmesan
50 g Paniermehl, Salz, Pfeffer
75 g Pecorino
1 kg Rinderfilet
150 g roher Schinken
3 El Olivenöl
2 Oreganozweige
100 ml trockener Rotwein

Zubereitungszeit 20 Minuten (plus Garzeit)
Pro Portion ca. 925 kcal/3885 kJ
101 g E · 49 g F · 14 g KH

Kräuter waschen, trockenschütteln und die Estragonblätter von den Stängeln zupfen. Petersilie, 2 Salbeiblätter und Estragon fein hacken. Mit Parmesan und Paniermehl vermischen und mit Salz und Pfeffer würzen.

Pecorino in Streifen schneiden. Fleisch oben längs einschneiden und die Parmesan-Kräuter-Füllung und die Pecorinostreifen hineingeben. Den Schinken in Scheiben schneiden und das Fleisch damit umwickeln. Mit Küchengarn festbinden.

Den Backofen auf 180 °C (Umluft 160 °C) vorheizen. Das Olivenöl in einem Bräter erhitzen und restliche Salbeiblätter und Oreganozweige darin andünsten, dann das Fleisch von allen Seiten gut anbraten. Den Braten im Ofen etwa 35 Minuten garen. Anschließend das Fleisch aus dem Bräter nehmen und 10 Minuten ruhen lassen.

Bratenfond mit Wein und etwas Wasser loskochen und durch ein Sieb streichen. Die Sauce in einem Topf aufkochen und etwas einkochen lassen. Fleisch in Scheiben schneiden und mit der Sauce servieren.

Saltimbocca gehört zu den bekanntesten italienischen Gerichten und wird üblicherweise aus Kalbfleisch hergestellt. Wörtlich übersetzt bedeutet „saltimbocca" so viel wie „Spring in den Mund".
Wer es lieblicher mag, kann das Fleisch auch mit Marsala ablöschen.

Saltimbocca alla romana

KALBSSCHNITZEL MIT SCHINKEN UND SALBEI

Für 4 Portionen

4 Kalbsschnitzel (à 125 g)
4 große Salbeiblätter
4 Scheiben luftgetrockneter Schinken
2 El Butterschmalz
3 El trockener Weißwein
125 ml Fleischbrühe
Salz, Pfeffer

Zubereitungszeit 20 Minuten (plus Bratzeit)
Pro Portion ca. 230 kcal/964 kJ
32 g E · 11 g F · 1 g KH

Das Fleisch flach klopfen. Die Salbeiblätter waschen und trockenschütteln. Jedes Kalbsschnitzel mit 1 Salbeiblatt und 1 Scheibe Schinken belegen und diese mit 1 Zahnstocher feststecken.

Das Butterschmalz in einer Pfanne schmelzen und die Saltimbocca darin von beiden Seiten jeweils 4 Minuten braten. Dann aus der Pfanne nehmen und warm stellen.

Den Bratensaft mit dem Wein ablöschen, Fleischbrühe zugießen und die Sauce um ein Drittel einkochen lassen. Mit Salz und Pfeffer abschmecken. Saltimbocca anrichten und mit der Sauce servieren. Dazu Nudeln reichen.

Ossobuco

Für 4 Portionen
4 Scheiben Kalbshaxe mit Knochen
2 El Mehl
2 El Olivenöl
2 Zwiebeln, 1 Knoblauchzehe
1 Möhre, 1/2 Stangensellerie
200 g passierte Tomaten (aus der Dose)
200 ml trockener Rotwein
Fleischbrühe
1/2 Lorbeerblatt
4 El frisch gehackte Kräuter
Salz, Pfeffer

Zubereitungszeit 20 Minuten
(plus Schmor- und Garzeit)
Pro Portion ca. 263 kcal/1103 kJ
33 g E · 9 g F · 7 g KH

KALBSHAXE

Die Fleischscheiben mit dem Mehl bestäuben und im Bräter im heißen Olivenöl von allen Seiten gut anbraten. Dann aus dem Bräter nehmen.

Die Zwiebeln und den Knoblauch schälen und fein hacken. Möhre und Sellerie putzen, waschen und klein schneiden. Das Gemüse mit Zwiebeln und Knoblauch in den Bräter geben und 3 Minuten andünsten. Die Tomaten zugeben und mit dem Wein aufgießen. Aufkochen lassen.

Die Fleischscheiben in die Sauce legen und mit Brühe auffüllen, bis alles gut bedeckt ist. Lorbeerblatt und die Hälfte der Kräuter zugeben. Den Bräter mit dem Deckel verschließen und das Fleisch etwa 1 Stunde bei kleiner Hitze schmoren. Nach 30 Minuten Schmorzeit das Fleisch wenden und würzen.

Nach der Garzeit das Lorbeerblatt entfernen und die restlichen Kräuter einrühren. Ist die Sauce zu dick, mit etwas Wein, Brühe oder Wasser strecken.

Ossobuco mit Sauce überzogen servieren.

Coda alla vaccinara al finocchio

OCHSENSCHWANZRAGOUT MIT FENCHEL

Für 4 Portionen
1 Möhre
2 Zwiebeln
2 Knoblauchzehen
4 El Olivenöl
1,25 kg Ochsenschwanz, in Stücke geschnitten
400 g geschälte Tomaten (aus der Dose)
300 ml trockener Weißwein
2 Nelken
1 Lorbeerblatt
250 ml Rinderbrühe
300 g Fenchel
Salz
Pfeffer

Zubereitungszeit 30 Minuten (plus Schmor- und Garzeit)
Pro Portion ca. 823 kcal/3455 kJ
69 g E · 51 g F · 10 g KH

Möhre, Zwiebeln und Knoblauch schälen. Möhre in Würfel schneiden, Zwiebel und Knoblauch hacken. Olivenöl in einer Pfanne erhitzen und die Ochsenschwanzstücke darin von allen Seiten gut anbraten. Aus der Pfanne nehmen und beiseitestellen. Möhre, Zwiebeln und Knoblauch ins Bratfett geben und andünsten. Die Tomaten in einem Sieb abtropfen lassen, klein schneiden und dazugeben. 3 Minuten mitdünsten, dann den Wein zugießen, Nelken und Lorbeerblatt unterrühren.

Die Fleischstücke in einen Schmortopf geben, das Gemüse zufügen und alles abgedeckt etwa 1 Stunde 30 Minuten auf dem Herd schmoren. Nach und nach die Rinderbrühe zugeben und das Fleisch hin und wieder wenden.

Den Fenchel putzen, äußere Blätter entfernen, Knolle waschen und in Streifen schneiden. Nach der Garzeit zum Fleisch geben, dann alles eine weitere Stunde schmoren.

Fleisch und Fenchel aus dem Bräter nehmen, den Bratenfond etwas einkochen und mit Salz und Pfeffer abschmecken. Fleisch und Fenchel zurück in den Topf geben, aufkochen und servieren.

Secondi

Cima alla genovese

GEFÜLLTE KALBSBRUST

Für 4 Portionen
100 g Kalbshirn
100 g Kalbsbries
1 Knoblauchzehe
750 g Kalbsbrust mit Tasche zum Füllen
100 g Schweinefilet
15 g getrocknete Steinpilze
30 g Butter
200 ml trockener Weißwein
75 g Erbsen
1 El frisch gehackter Majoran
2 El gehackte Pistazien
3 El frisch geriebener Parmesan
3 Eier
2 l Gemüsebrühe
Salz, Pfeffer, Muskatnuss

Zubereitungszeit 45 Minuten (plus Zeit zum Einweichen)
Pro Portion ca. 440 kcal/1840 kJ
48 g E · 25 g F · 4 g KH

Kalbshirn und Kalbsbries etwa 2 Stunden in Wasser einweichen, abtropfen lassen und säubern. Knoblauchzehe schälen und die Tasche in der Kalbsbrust damit einreiben. Das Schweinefilet würfeln. Die getrockneten Pilze in heißem Wasser einweichen. Butter in einer Pfanne erhitzen und die Filetwürfel darin anbraten, Kabshirn und -bries zugeben und mitschmoren. Den Wein angießen. Die Pilze abgießen, klein schneiden und zugeben. 2 Minuten köcheln, dann die Pfannenmischung im Mixer pürieren. Fleischpüree in einer Schüssel mit Erbsen, Majoran, Pistazien, Parmesan und Eiern mischen und zu einem glatten Teig verarbeiten. Die Füllung in die Kalbsbrust geben und diese mit Küchengarn verschließen.

Die Kalbsbrust in einen großen Topf legen und mit der Brühe bedecken. Den Topf verschließen und die Kalbsbrust darin etwa 1 Stunde köcheln, dann den Deckel abnehmen und das Fleisch eine weitere Stunde köcheln. Das Fleisch währenddessen mehrmals einstechen. Mit Salz, Pfeffer und Muskatnuss abschmecken. Die Kalbsbrust aus dem Topf nehmen und zwischen zwei Tellern, bei denen der obere zusätzlich beschwert wird, abkühlen lassen. Danach in Scheiben schneiden und servieren.

Kalbsleber wird mit sehr vielen Zwiebeln zubereitet, weil deren Süße den leicht bitteren Geschmack der Leber mildert. Schon in früheren Zeiten war die Kombination Leber und Süßes, wie zum Beispiel Früchte, bekannt. In der Antike genoss man sie mit Feigen, woraus sich der Name für Leber „fegato" (lat. Feige = ficatum) ableitet.

In Venedig gibt man der zarten, hellen Kalbsleber den Vorzug vor der dunklen, festen Rinderleber. Oftmals wird zur Leber noch etwas Milch in die Pfanne gegeben. Als Beilage werden geröstete Polentascheiben serviert.

Fegato di vitello alla veneziana

Für 4 Portionen
500 g Zwiebeln
2 El Olivenöl
600 g Kalbsleber
4 Salbeiblätter
Salz
Pfeffer
3 El Marsala

Zubereitungszeit 20 Minuten
(plus Schmor- und Bratzeit)
Pro Portion ca. 305 kcal/1281 kJ
32 g E · 13 g F · 14 g KH

KALBSLEBER VENEZIANISCH

Die Zwiebeln schälen und in dünne Ringe schneiden.
1 El Olivenöl in einer Pfanne erhitzen und die Zwiebelringe darin goldgelb schmoren, nicht braun werden lassen. Etwa 15 Minuten bei geringer Temperatur garen.
Die Leber waschen, trockentupfen und in dünne Scheiben schneiden. Restliches Öl in einer zweiten Pfanne erhitzen und die Leberscheiben darin von beiden Seiten anbraten, bis sie nicht mehr rot ist.
Die Salbeiblätter waschen, trocknen und dazugeben.
Die Leber aus der Pfanne nehmen, salzen, pfeffern und warm stellen.
Den Bratenfond mit Marsala aufkochen. Die Leber mit Zwiebeln und etwas Sauce servieren.

Agnello gratinato ai funghi

LAMMRAGOUT MIT PILZEN

Für 4 Portionen
1 kg Lammkeule ohne Knochen
500 g kleine Champignons
200 g Zwiebeln
3 El Olivenöl
125 ml trockener Weißwein
Salz
Pfeffer
1 El frisch gehackter Rosmarin
2 El Marsala

Zubereitungszeit 25 Minuten (plus Schmor- und Garzeit)
Pro Portion ca. 452 kcal/1900 kJ
56 g E · 13 g F · 5 g KH

Die Lammkeule in Würfel schneiden. Die Pilze putzen und feucht abreiben. Die Zwiebeln schälen und grob klein zerkleinern.
Den Backofen auf 190 °C (Umluft 170°C) vorheizen. Das Olivenöl in einem Topf erhitzen und das Fleisch darin gut anbraten. Die Zwiebeln zugeben und unter Wenden mitschmoren. Pilze und Wein zugeben und mit so viel Wasser auffüllen, dass das Fleisch gut bedeckt ist. Mit Salz, Pfeffer und Rosmarin würzen.
Den Topf abdecken und das Ragout im Ofen etwa 1 Stunde garen, bis das Fleisch schön weich ist. Danach mit dem Marsala abschmecken.

Agnello alle olive

LAMM MIT OLIVEN

Für 4 Portionen
600 g Lammkotelett
2 El Mehl
4 El Olivenöl
Salz
250 ml Kalbsfond
125 g schwarze Oliven
1 El Oregano
1/2 getrocknete Pfefferschote
Saft von 1/2 Zitrone

Zubereitungszeit 20 Minuten
Pro Portion ca. 405 kcal/1701 kJ
45 g E · 23 g F · 5 g KH

Das Fleisch waschen und trockentupfen. Dann in Scheiben schneiden und mit dem Mehl bestäuben.

Das Olivenöl in einer Pfanne erhitzen und die Lammkoteletts darin von beiden Seiten gut anbraten, anschließend salzen und 125 ml Kalbsfond zufügen. Lammfleisch bei mittlerer Temperatur etwa 5 Minuten unter häufigem Wenden schmoren.

Die Oliven entsteinen, hacken, zum Fleisch geben und Oregano einstreuen, die Pfefferschote zerkrümeln und zugeben. Restlichen Fond angießen und das Fleisch abgedeckt etwa 5 Minuten weitergaren.

Nach der Garzeit das Lammfleisch mit dem Zitronensaft abschmecken und mit Kartoffeln servieren.

Secondi **175**

Maiale al latte

SCHWEINEBRATEN IN MILCH

Für 4 Portionen
1 kg Schweinekeule ohne Knochen
1 Knoblauchzehe
500 ml trockener Weißwein
Mehl zum Bestäuben
5 El Butter
1 Rosmarinzweig
750 ml Milch
Salz
Pfeffer

Zubereitungszeit 20 Minuten
(plus Marinier- und Garzeit)
Pro Portion ca. 510 kcal/2142 kJ
48 g E · 29 g F · 12 g KH

Das Fleisch in eine große Schüssel legen. Knoblauch schälen, in Scheiben schneiden und zum Fleisch geben. Den Wein darübergießen und das Fleisch etwa 48 Stunden an einem kühlen Ort marinieren lassen.

Das Fleisch aus der Marinade nehmen und trockentupfen. Das Mehl darüberstäuben. Die Butter in einem großen Bräter erhitzen und die Keule darin von allen Seiten gut anbraten.

Rosmarin waschen und die Nadeln fein hacken. Mit der Milch zum Fleisch geben und mit Salz und Pfeffer würzen. Den Bräter abdecken und den Schweinebraten etwa 2 Stunden bei 170 °C im Ofen garen.

Keule aus dem Bräter nehmen und auf eine Platte legen. Bratensauce aufkochen und sämig einkochen lassen. Das Fleisch in Scheiben schneiden und mit der Milchsauce servieren.

Capretto al vino

ZIEGENFLEISCH IN ROTWEIN

Für 4 Portionen
800 g Ziegenfleisch
750 ml trockener Rotwein
1 Lorbeerblatt
2 Salbeiblätter
1 Rosmarinzweig
1 Pfefferschote
4 El Öl
1 Zwiebel
Salz
400 g Tomaten

Zubereitungszeit 30 Minuten
(plus Marinier- und Garzeit)
Pro Portion ca. 552 kcal/2320 kJ
41 g E · 28 g F · 8 g KH

Das Ziegenfleisch in mundgerechte Würfel schneiden. Die Würfel in eine Schüssel legen und mit dem Rotwein begießen. Lorbeerblatt, Salbeiblätter und Rosmarinzweig waschen und zugeben. Die Pfefferschote putzen, waschen, grob zerkleinern, dabei die Kerne entfernen. Pfefferschote zum Fleisch geben und dieses über Nacht in der Marinade ziehen lassen.

Das Fleisch anschließend aus der Marinade nehmen und gut trockentupfen. Die Zwiebel schälen und fein hacken. Das Öl in einem Bräter erhitzen und die Zwiebel darin andünsten. Die Fleischwürfel zugeben und von allen Seiten kräftig anbraten. Marinade durch ein Sieb gießen, nach und nach zum Fleisch geben und langsam einkochen lassen.

Inzwischen die Tomaten heiß überbrühen, häuten, entkernen, von Stielansätzen befreien und in Stücke schneiden. Tomaten in den Bräter geben und mit dem Fleisch verrühren, wenn die Marinade eingekocht ist. Den Bräter verschließen und die Mischung bei geringer Temperatur 1 Stunde 30 Minuten schmoren, bis das Fleisch weich ist. Ab und zu etwas Wasser zugießen. Den Schmortopf servieren, wenn die Masse sehr dickflüssig ist.

Coniglio alla cacciatora

KANINCHEN MIT TOMATEN UND KRÄUTERN

Für 4 Portionen
1 küchenfertiges Kaninchen
Salz, Pfeffer
2 Knoblauchzehen
1 Rosmarinzweig
2 Thymianzweige
2 Lorbeerblätter
300 g Tomaten
1 Zwiebel, 1 Möhre
2 Stangensellerie
3 El Olivenöl
200 ml trockener Rosewein
2 El Grappa

Zubereitungszeit 30 Minuten
(plus Schmor- und Garzeit)
Pro Portion ca. 735 kcal/3087 kJ
79 g E · 40 g F · 7 g KH

Kaninchen in 8 Stücke zerteilen. Mit Salz und Pfeffer einreiben. Knoblauch schälen und hacken. Die Kräuter waschen, trockenschütteln und die Nadeln bzw. Blätter von den Stängeln zupfen. Kräuter grob hacken.

Die Tomaten heiß überbrühen, von Häuten, Stielansätzen und Kernen befreien und klein schneiden. Zwiebel schälen, Möhre und Sellerie putzen und waschen. Das Gemüse würfeln. Olivenöl in einem Bräter erhitzen und die Kaninchenteile darin von allen Seiten gut anbraten. Dann aus dem Bräter nehmen. Knoblauch, Kräuter, Zwiebel und Gemüse hineingeben und 3 Minuten schmoren, dann den Wein mit Grappa angießen. Die Tomaten unterheben und alles gut mischen.

Das Fleisch zurück in den Bräter legen, die Mischung mit Salz und Pfeffer abschmecken und das Kaninchen etwa 45 Minuten abgedeckt schmoren.

Stufato di lepre

HASENPFEFFER

Für 4 Portionen
1 küchenfertiger Hase
(ca. 1,5 kg) mit Innereien
Salz
Pfeffer
100 g durchwachsener Speck
1 Zwiebel
5 El Butterschmalz
250 ml Fleischbrühe
5 El Olivenöl
1 Hasenleber
1 Hasenherz
250 ml Hühnerbrühe
2 El frisch gehackter Salbei
2 El Aceto Balsamico

Zubereitungszeit 20 Minuten
(plus Garzeit)
Pro Portion ca. 1293 kcal/5429 kJ
118 g E · 86 g F · 13 g KH

Den Hasen in 6–8 Stücke schneiden, mit Salz und Pfeffer würzen. Den Speck würfeln, die Zwiebel schälen und ebenfalls würfeln. Das Butterschmalz in einem Bräter erhitzen und den Speck darin anschmoren, die Zwiebel zugeben und glasig dünsten.

Die Hasenstücke in den Bräter geben und einige Minuten mitschmoren, dann die Fleischbrühe zugießen, aufkochen und den Hasen bei mittlerer Temperatur abgedeckt etwa 2 Stunden garen. Das Olivenöl in einer Pfanne erhitzen. Die Innereien waschen, trocknen und ebenfalls klein schneiden. In die Pfanne geben und 5 Minuten schmoren. Die Hühnerbrühe zugießen und den Salbei unterheben.

Die Sauce mit Salz und Pfeffer würzen und etwa 20 Minuten köcheln lassen. Wenn die Sauce andickt, mit Aceto abschmecken und 10 Minuten vor Ende der Garzeit zum Hasen geben.

Pollo in padella

HÄHNCHENPFANNE

Für 4 Portionen
1 küchenfertiges Hähnchen (ca. 1,2 kg), Salz, Pfeffer
300 g Tomaten
1 Zwiebel
5 El Olivenöl
150 ml trockener Weißwein
1 getrocknete Pfefferschote
1 El frisch gehackte Petersilie
1 El frisch gehacktes Liebstöckel
1 El frisch gehacktes Basilikum
50 g Pavalone

Zubereitungszeit 30 Minuten
(plus Schmor- und Garzeit)
Pro Portion ca. 853 kcal/3581 kJ
43 g E · 57 g F · 12 g KH

Das Hähnchen salzen und pfeffern und in 8 Teile zerlegen. Die Tomaten heiß überbrühen, von Häuten, Stielansätzen und Kernen befreien und in Achtel schneiden. Die Zwiebel schälen und in Ringe schneiden.

Das Olivenöl in einer Pfanne erhitzen und die Hähnchenteile darin von allen Seiten gut anbraten. Die Zwiebelringe zugeben und mitschmoren. Den Wein angießen, die Pfefferschote klein bröseln und unterheben.

Die Mischung aufkochen und weiterköcheln, bis der Wein fast verkocht ist. Dann die Tomatenachtel und die Kräuter zugeben. Das Hähnchen abgedeckt etwa 1 Stunde bei mittlerer Temperatur schmoren. Nach etwa 40 Minuten Garzeit den Pavalone würfeln und unterrühren. Die Hähnchenpfanne nach der Garzeit nochmals abschmecken und servieren.

Secondi

Anatra alla albicocca

ENTE MIT APRIKOSEN

Für 4 Portionen
250 g getrocknete Aprikosen
1 küchenfertige Ente
Salz, Pfeffer
1 Brötchen vom Vortag
200 ml Milch
1 Zwiebel
1 Ei
100 g geriebener Parmesan
1 Prise Muskatnuss
4 El Butter
1 Rosmarinzweig
1 Salbeizweig

Zubereitungszeit 30 Minuten
(plus Einweich- und Garzeit)
Pro Portion ca. 740 kcal/3108 kJ
66 g E · 49 g F · 4 g KH

Die Aprikosen in einer Schüssel mit heißem Wasser mindestens 1 Stunde quellen lassen.

Die Ente mit Salz und Pfeffer einreiben. Das Brötchen in der erwärmten Milch einweichen. Die Zwiebel schälen und grob zerkleinern. Die Ente mit der Zwiebel in einen großen Bräter legen und mit reichlich Wasser bedecken. Abgedeckt etwa 40 Minuten kochen.

Das Brötchen ausdrücken und mit Ei und geriebenem Parmesan mischen. Einige Aprikosen klein schneiden und unter die Füllung mischen. Mit Salz, Pfeffer und Muskat würzen und gut vermischen.

Die Ente aus dem Topf nehmen und gut trockentupfen. Kurz abkühlen lassen, dann die Füllung hineingeben und die Ente mit Küchengarn zunähen.

In einem Bräter die Butter schmelzen und die Ente darin von allen Seiten gut anbraten. Die Kräuter waschen, trockenschütteln und von den Stängeln zupfen. Kräuter grob hacken und zur Ente geben. Die Aprikosen mit etwas Einweichwasser zugeben, salzen und pfeffern und die Ente bei geringer Temperatur abgedeckt etwa 40 Minuten schmoren, bis sie weich ist. Nach Bedarf etwas Wasser nachfüllen.

Die Region Umbrien ist bekannt für ihre Heiligen, unter ihnen der heilige Franziskus von Assisi. Aber auch der heilige Benedikt, Begründer des Mönchsordens der Benediktiner, stammt aus Umbrien. Doch auch den weltlichen Genüssen ist man in Umbrien nicht abgeneigt. Kulinarische Spezialitäten sind Spanferkel, gegrilltes Fleisch und gebratene Tauben.

Piccione arrosto

GEBRATENE TAUBEN

Für 4 Portionen
4 küchenfertige Tauben mit Innereien
Salz, Pfeffer
1 Thymianzweig
1 Salbeizweig
1 Zwiebel
2 Knoblauchzehen
4 El Olivenöl
1 Brötchen vom Vortag
1 Flasche trockener Rotwein (750 ml)
1 El Zitronensaft
50 g schwarze Oliven
1 Tl Kakaopulver

Zubereitungszeit 25 Minuten (plus Garzeit)
Pro Portion ca. 930 kcal/3906 kJ
57 g E · 59 g F · 41 g KH

Hälse und Innereien der Tauben waschen und trockentupfen. Die Hälse entbeinen, das Fleisch und die Innereien klein hacken. Die Tauben waschen, trockentupfen und mit Salz und Pfeffer einreiben. Thymian und Salbei waschen und trockenschütteln, Blätter von den Stängeln zupfen und fein hacken. Zwiebel und Knoblauch schälen und in feine Würfel schneiden.

2 El Olivenöl in einem Topf erhitzen und das Taubenklein, Kräuter, Zwiebel und Knoblauch darin einige Minuten schmoren. Brötchen reiben und untermischen. 550 ml Rotwein zugießen und die Sauce aufkochen. Bei mittlerer Temperatur um ein Drittel einkochen lassen.

Das restliche Olivenöl in einem Bräter erhitzen und die vorbereiteten Tauben darin von allen Seiten anbraten. Den restlichen Rotwein zugeben und die Tauben abgedeckt etwa 45 Minuten schmoren, bis sie weich sind. Dann aus dem Bräter nehmen und warm stellen. Sauce durch ein Sieb in den Bräter gießen und den Fond loskochen. Mit Zitronensaft abschmecken. Oliven halbieren und entsteinen. Kakaopulver in die Sauce rühren. Dann die Oliven unterheben. Die gebratenen Tauben mit der Sauce servieren.

Olio d'oliva

Ausgedehnte Olivenhaine gehören in fast allen Landesteilen Italiens zum Landschaftsbild. Nur im Aosta-Tal verhindert das Klima den Anbau von Oliven. Apulien und Kalabrien produzieren über zwei Drittel des italienischen Olivenöls, doch Feinschmecker zieht es eher in die kleineren Anbaugebiete. Von hoher Qualität ist das Öl aus der Toskana, berühmt sind die Produkte aus der Region von Lucca. Sehr gute Öle kommen auch aus der Gegend um Florenz und um Colli Senesi.

Angebaut werden mehr als 50 verschiedene Olivensorten, die ihre Charaktereigenschaften auf das aus ihnen gepresste Öl übertragen. So gibt die in Mittelitalien neben den Sorten Leccino und Moraiolo angebaute Frantoio-Olive einen pikanten bis pfeffrigen Geschmack. In Ligurien, wo sich die Haine auf Terrassen die Berge hinauf ziehen, sorgt die Taggiasca-Olive für ein weiches und zitroniges Aroma. Traditionell im Süden wird die Coratina-Olive angebaut, die dem Öl eine leichte Schärfe verleiht.

Fünf Jahre dauert es, bis ein Olivenbaum erstmals trägt, erst nach 50 Jahren bringt er den besten Ertrag. Die Ernte beginnt im November – kurz bevor der erste Frost einsetzt. Es ist die Zeit der Rotreife, wenn sich die Farbe der Oliven von Grün zu Violett-Rot wandelt. Für die edlen Ölsorten findet das Pflücken der Früchte von Hand statt.

Binnen 24 Stunden müssen die Oliven samt Steinen dann zermahlen und gepresst sein. Von der dabei entstehenden Flüssigkeit wird die Polpa abgeschöpft. Diese erste Pressung zeichnet sich mit intensivem Aroma als wertvollstes Öl aus. Es eignet sich bestens zum Beträufeln von Gemüse oder Fleischgerichten. Der verbliebene Fruchtbrei wird erneut gemahlen und gepresst – die Nocciola entsteht. Die Farbe kann zwischen Sonnengelb und Grün variieren, ist jedoch kein Qualitätsmerkmal. Nur ganz dunkle Öle deuten auf eine zu heiße, das heißt schnelle Pressung hin.

Einen Hinweis auf die Güte des Öls gibt die Klassifikation: „Natives Olivenöl extra". Olio d'oliva extra vergine gewinnt man nur durch mechanisches Pressen, das klassisch mittels eines Mühlsteins aus Travertin, einer Kokosfasermatte und einer Holzpresse erfolgt; es dürfen höchstens ein Prozent an freien Fettsäuren enthalten sein. Kalt gepresst und schonend hergestellt erreicht es höchste Qualität und gibt den ursprünglichen Geschmack der Früchte wieder. Auf dem Etikett sind sowohl Ort der Pressung als auch Ursprung der Oliven angegeben.

Beim nativen Olivenöl (olio d'olivia vergine) liegt der zulässige Anteil freier Fettsäuren doppelt so hoch. Die Herstellung entspricht jener der Premium-Qualität, doch zeigen sich kleine Einschränkungen bei Geruch oder Geschmack. Ein gutes Öl, das sich in der Alltagsküche bewährt hat.

Olio d'oliva, das einfache Olivenöl, ist ein chemisch raffiniertes Massenprodukt, das nicht mit der Qualität der edlen Sorten vergleichbar ist. Bei Oliventresteröl (olio di sansa di oliva) handelt es sich um mit Lösungsmitteln behandelte und mit nativem Olivenöl vermischte Pressrückstände.

Der intensivste Geschmack ist ganz frischem Öl zu eigen, innerhalb des ersten Jahres verfügt es über das vollste Aroma. Länger sollte ein gutes Olivenöl nicht gelagert werden – zudem nur an einem kühlen und dunklen Ort. Nicht aber im Kühlschrank – dort flockt es aus.

Es bedarf so wenig, um den vollen Genuss zu erleben. Bruschetta, geröstete Brotscheiben, – am besten aus frisch gebackenem Landbrot oder Ciabatta – ergibt in frisches Olivenöl getunkt ein großartiges Antipasto. Gern wird das Brot auch mit Tomaten und Basilikum belegt oder mit einem milden rohen Schinken serviert. Es lohnt sich, im Hinterland Hinweisen zu folgen, wo Öl aus eigener Herstellung angeboten wird. Oft handelt es sich hier um Bauern, die nach traditionellen Methoden primär für den eigenen Bedarf produzieren.

Orata con cipolle

GOLDBRASSE MIT ZWIEBELN

Für 4 Portionen
1 Zwiebel, 1 Knoblauchzehe
1 Rosmarinzweig
1 Thymianzweig
5 El Olivenöl
1 Pfefferschote
1 küchenfertige Goldbrasse (ca. 600 g)
Salz
1 Gemüsezwiebel
Pfeffer
1 große Kartoffel
1/2 Stangensellerie
1 l Gemüsebrühe

Zubereitungszeit 30 Minuten (plus Schmor- und Bratzeit)
Pro Portion ca. 345 kcal/1449 kJ
29 g E · 20 g F · 13 g KH

Für die Füllung Zwiebel und Knoblauch schälen und hacken. Die Kräuter waschen, trockenschütteln und Blätter und Nadeln von den Stängeln zupfen, dann hacken. Zwiebel, Knoblauch und Kräuter miteinander mischen und mit 3 El Olivenöl verrühren. Die Pfefferschote putzen, waschen, entkernen und fein hacken. Unter die Mischung heben.

Den Backofen auf 180 °C (Umluft 160 °C) vorheizen. Den Fisch von innen gut salzen und so viel Füllung wie möglich hineingeben. Die Gemüsezwiebel schälen und in Ringe schneiden. 2 El Olivenöl in einem Bräter erhitzen und Zwiebelringe mit der restlichen Füllung darin schmoren. Den Fisch darauflegen und pfeffern.

Die Kartoffel waschen, schälen und würfeln, den Sellerie putzen, waschen und klein schneiden. Kartoffeln und Sellerie um den Fisch herumlegen und den Fisch im Ofen etwa 25 Minuten garen. Währenddessen die Gemüsebrühe nach und nach zufügen. Den Fisch auf einer Platte mit dem Gemüse und dem Bratenfond servieren.

Sarde ripiene

GEFÜLLTE SARDINEN

Für 4 Portionen
700 g küchenfertige Sardinen ohne Kopf
1 Brötchen vom Vortag
250 g Spinat
2 Knoblauchzehen
1/2 Bund Basilikum
1 Ei
40 g frisch geriebener Parmesan
Salz
Pfeffer
4 El Olivenöl
1 El Pinienkerne

Zubereitungszeit 25 Minuten (plus Backzeit)
Pro Portion ca. 498 kcal/2090 kJ
45 g E · 32 g F · 8 g KH

Die Sardinen waschen und trockentupfen. Das Brötchen in warmem Wasser einweichen. Den Spinat putzen, waschen und in kochendem Salzwasser etwa 2 Minuten blanchieren. Dann abgießen und abtropfen lassen.

Den Backofen auf 240 °C (Umluft 220 °C) vorheizen. Den Knoblauch schälen und hacken, das Basilikum waschen, trockenschütteln und fein hacken. Das Brötchen ausdrücken. Den Spinat hacken und mit Knoblauch, Basilikum, Brötchen, Ei und Parmesan zu einer kompakten Masse vermischen. Mit Salz und Pfeffer würzen.

Die Sardinen mit der Spinatmischung füllen, anschließend in eine große Auflaufform legen und mit dem Olivenöl beträufeln. Die Pinienkerne darüber verteilen. Die Sardinen im Ofen etwa 15 Minuten backen.

Filetti di sogliola al forno

ÜBERBACKENE SEEZUNGENFILETS

Für 4 Portionen
8 Seezungenfilets ohne Haut
Salz
Pfeffer
1 Knoblauchzehe
8 El Paniermehl
4 El frisch gehackte glatte Petersilie
4 El frisch gehackter Dill
6 El geriebener Pecorino
6 El Olivenöl

Zubereitungszeit 15 Minuten (plus Backzeit)
Pro Portion ca. 705 kcal/2961 kJ
66 g E · 31 g F · 41 g KH

Den Backofen auf 240 °C (Umluft 220 °C) vorheizen. Die Fischfilets mit Salz und Pfeffer würzen und auf ein geöltes Backblech legen.
Knoblauch schälen und hacken. Mit Paniermehl, Kräutern und Pecorino mischen und auf die Fischfilets geben. Das Olivenöl darüberträufeln.
Die Seezungenfilets im Ofen etwa 15 Minuten garen und kurz überbacken.

Spigola alla salsa d'olive

SEEBARSCH MIT OLIVENSAUCE

Für 4 Portionen
4 küchenfertige Seebarsche
Salz
Pfeffer
Saft von 1 Zitrone
Worcestersauce
1 Bund Estragon
150 g Mehl
1 Bund Frühlingszwiebeln
100 g gekochter Schinken
1 Pfefferschote
100 g Oliven
1 El Kapern (aus dem Glas)
2 El Olivenöl
2 El Tomatenmark
200 ml trockener Weißwein
200 ml Gemüsebrühe

Zubereitungszeit 30 Minuten
(plus Zeit zum Marinieren, Grillen und Schmoren)
Pro Portion ca. 550 kcal/2310 kJ
49 g E · 16 g F · 42 g KH

Den Backofengrill auf höchster Stufe vorheizen. Die Fische mit Salz und Pfeffer würzen und in eine Schüssel legen. Zitronensaft und Worcestersauce über die Fische geben und 20 Minuten ziehen lassen.

Estragon waschen, trockenschütteln und pro Fisch einen Zweig als Füllung verwenden. Die Fische aus der Marinade nehmen und im Mehl wenden. Unter dem heißen Grill im Backofen etwa 15 Minuten grillen.

Frühlingszwiebeln putzen, waschen und klein schneiden. Schinken würfeln, Pfefferschote putzen, waschen, entkernen und fein hacken. Die Oliven entsteinen und hacken. Die Kapern abtropfen lassen.

Das Olivenöl in einem Topf erhitzen und die Frühlingszwiebeln darin andünsten. Schinken, Pfefferschote, Oliven und Kapern zugeben und kurz mitschmoren. Tomatenmark unterrühren und mit Wein und Brühe ablöschen. Die Sauce mit Salz und Pfeffer abschmecken. Die Fische mit der Sauce auf Tellern anrichten.

Stockfisch (baccalà oder stoccafisso) ist ausgenommener Kabeljau, der in Salz eingelegt und getrocknet wurde. Diese Art der Konservierung wurde vor allem von den Seeleuten angewendet, da der Fisch auf diese Weise lange haltbar war und dennoch nicht an Nährstoffen verlor.
Stockfisch muss vor der Zubereitung unbedingt gewässert werden.

Baccalà alla genovese

STOCKFISCHPFANNE

Für 4 Portionen
800 g Stockfisch
25 g getrocknete Pilze
(z. B. Steinpilze und Morcheln)
1 Möhre, 1 Zwiebel
2 Knoblauchzehen
1/2 Staudensellerie
3 El Olivenöl
50 g Pinienkerne
200 ml trockener Weißwein
Salz
500 g Kartoffeln
2 El Tomatenmark
150 g schwarze Oliven

Zubereitungszeit 50 Minuten
(plus Zeit zum Wässern,
Schmor- und Garzeit)
Pro Portion ca. 855 kcal/3591 kJ
124 g E · 27 g F · 25 g KH

Den Fisch mindestens 2 Tage lang wässern, dann gut abspülen, trockentupfen und in Stücke schneiden. Die Pilze in heißem Wasser 30 Minuten einweichen.

Möhre, Zwiebel und Knoblauch schälen. Sellerie putzen und waschen. Das Gemüse würfeln, den Knoblauch fein hacken. Das Olivenöl in einer Pfanne erhitzen und das Gemüse mit dem Knoblauch darin andünsten.

Die Pilze abgießen, Flüssigkeit auffangen und Pilze klein schneiden. Stockfisch, Pilze und Pinienkerne in die Pfanne geben und 2 Minuten mitschmoren, dann den Wein angießen und den Fisch salzen. Die Kartoffeln waschen, schälen und in mundgerechte Würfel schneiden. Das Tomatenmark mit 3 El Wasser mischen und mit den Kartoffeln in die Fischpfanne geben. Alles etwa 30 Minuten köcheln. Kurz vor dem Servieren die entsteinten Oliven unterheben.

Triglie alla pancetta

ROTBARBEN MIT PANCETTA

Für 4 Portionen
4 küchenfertige Rotbarben (à 300 g)
Salz
Pfeffer
1 unbehandelte Limette
2 Knoblauchzehen
1 Rosmarinzweig
1/2 Bund Dill
50 g Paniermehl
100 g Pancetta (Schinkenspeck) in dünnen Scheiben

Zubereitungszeit 20 Minuten (plus Marinier- und Backzeit)
Pro Portion ca. 458 kcal/1922 kJ
62 g E · 18 g F · 11 g KH

Die Fische in eine große Form legen. Mit Salz und Pfeffer würzen. Die Limette heiß waschen, die Hälfte der Schale abschälen und in dünne Streifen schneiden. Die Limette auspressen. Knoblauchzehen schälen und ganz fein hacken. Rosmarin waschen, trockenschütteln, die Nadeln von den Stängeln zupfen und hacken. Knoblauch mit Limettenschale, -saft und Rosmarin mischen. Diese Marinade über die Fische gießen und sie etwa 1 Stunde kühl stellen.

Dill waschen, trockenschütteln, hacken und mit dem Paniermehl mischen. Den Backofen auf 180 °C (Umluft 160 °C) vorheizen. Die Fische aus der Marinade nehmen, gut trockentupfen und im Paniermehl wenden. Die Pancettascheiben um die Fische wickeln und sie in die Fettpfanne des Backofens legen.

Die Marinade über die Fische geben und sie im Ofen etwa 20 Minuten backen.

Tranci di tonno ai ferri con acciughe

GEGRILLTER THUNFISCH MIT SARDELLEN

Für 4 Portionen
4 Scheiben Thunfisch
(à 150 g)
1 Rosmarinzweig
1 Knoblauchzehe
200 ml trockener Weißwein
Saft von 2 Limetten
Salz und Pfeffer
4 El Olivenöl
3 Sardellen ohne Gräten

Zubereitungszeit 20 Minuten
(plus Marinierzeit)
Pro Portion ca. 598 kcal/2510 kJ
56 g E · 37 g F · 2 g KH

Den Thunfisch waschen und trockentupfen. Den Backofengrill auf höchster Stufe vorheizen.

Den Rosmarin waschen, trockenschütteln, die Nadeln abzupfen und hacken. Den Knoblauch schälen und fein hacken.

Aus Wein, Limettensaft, Rosmarin und Knoblauch eine Marinade mischen und mit Salz und Pfeffer würzen. Die Thunfischscheiben in die Marinade legen und 3 Stunden ziehen lassen. Anschließend Fisch herausnehmen und trockentupfen. Dann unter dem Grill etwa 10 Minuten von jeder Seite grillen und mit der Marinade begießen.

Das Olivenöl in einer Pfanne erhitzen und die Sardellen darin 3 Minuten von beiden Seiten schmoren, dann mit einer Gabel zerdrücken. Den gegrillten Thunfisch mit der Sardellenpaste bestreichen und servieren.

In den Flüssen und Seen Norditaliens kann sich das Angebot an frischem Fisch sehen lassen, obwohl einige Arten mittlerweile wegen der großen Nachfrage gezüchtet werden. Zu ihnen gehören die Forellen: Lachs-, Bach- und Regenbogenforellen. Wild lebend finden sich noch Felchen, Flussbarsch und Äsche.

Trote ripiene

GEFÜLLTE FORELLEN

Für 4 Portionen
4 große küchenfertige Forellen ohne Gräten
4 Krebsschwänze
1/2 Bund Petersilie
1/2 Bund Estragon
80 g frisch geriebener Provolone
3 El Grappa
1 Ei
Worcestersauce
Salz
Pfeffer
Saft von 1 Limette
50 ml trockener Weißwein
2 EL Olivenöl
150 g Sahne
1 El Mehl
1 El Tomatenmark
40 g Butter

Die Fische waschen und trockentupfen. Die Krebsschwänze waschen und das Fleisch aus den Schalen lösen. Die Kräuter waschen, trockenschütteln und hacken. Den Backofen auf 200 °C (Umluft 180 °C) vorheizen.

Den Käse mit den Kräutern, 1 El Grappa, dem Ei, einigen Tropfen Worcestersauce und Salz und Pfeffer in einer Schüssel mischen und die Forellen damit füllen. Jede Forelle mit einem Krebsschwanz belegen und zusammenrollen. Mit einem Holzspieß zusammenstecken und in eine große Form legen.

Die Fische mit Salz und Pfeffer und Limettensaft würzen, dann Wein, restlichen Grappa und Olivenöl darübergießen und mit Folie abdecken. Im Ofen etwa 25 Minuten braten. Dann auf einer Platte warm stellen.

Den Bratenfond durch ein Sieb abgießen. Die Sahne mit dem Mehl verrühren und in einem Topf aufkochen, bis die Sahne andickt. Den Bratenfond mit Worcestersauce und Tomatenmark abschmecken und die Butter einrühren. Sahne unterheben und die Sauce zu den gefüllten Forellen reichen.

Zubereitungszeit 30 Minuten
(plus Brat- und Kochzeit)
Pro Portion ca. 620 kcal/2604 kJ
60 g E · 33 g F · 15 g KH

Anguilla con uva passa

AAL MIT ROSINEN

Für 4 Portionen
1 kg küchenfertiger Flussaal ohne Haut
2 El Rosinen
200 g frische Steinpilze
1 Möhre, 1 Zwiebel
2 Knoblauchzehen
4 El Olivenöl
Saft von 1/2 Zitrone
Salz, Pfeffer
20 g Butter
1 El Mehl
200 ml trockener Rotwein
50 ml Sherry
1 Nelke, 2 Lorbeerblätter
1/2 Bund Petersilie
1 Rosmarinzweig

Zubereitungszeit 40 Minuten (plus Garzeit)
Pro Portion ca. 1010 kcal/4242 kJ
42 g E · 78 g F · 24 g KH

Aal in Stücke schneiden. Rosinen in heißem Wasser einweichen. Pilze putzen, waschen und in Scheiben schneiden. Möhre schälen und in Scheiben schneiden, Zwiebel und Knoblauch schälen und fein hacken.

2 El Olivenöl in einer Pfanne erhitzen und die Pilzscheiben darin andünsten. Nach 5 Minuten den Zitronensaft, Salz und Pfeffer zugeben und die Pilze vom Herd nehmen.

In einer zweiten Pfanne das restliche Öl mit der Butter erhitzen und Gemüse sowie Zwiebel darin 3 Minuten anschmoren, dann die Aalstücke zugeben und von allen Seiten gut anbraten. Aal aus der Pfanne nehmen und warm stellen.

Knoblauch in die Pfanne geben und 2 Minuten dünsten, dann das Mehl so unterrühren, dass keine Klümpchen entstehen. Rotwein, Sherry und Gewürze zufügen und 150 ml Wasser angießen. Die Sauce 30 Minuten köcheln, dann durch ein Sieb passieren. Petersilie und Rosmarin waschen, trockenschütteln, Rosmarinnadeln abzupfen. Kräuter hacken und zuletzt unterheben.

Die passierte Sauce mit abgetropften Rosinen, Pilzen und Aalstücken mischen. 20 Minuten köcheln. Dann servieren.

In Süditalien liebt man Schwertfisch und Thunfisch besonders. Schwertfische werden vor den Küsten Kalabriens und in der Straße von Messina noch mit der Harpune gefangen. Sie können bis zu 4,50 Meter lang und bis 250 kg schwer werden. Das Fleisch ist sehr fest und schmeckt ähnlich wie Kalbfleisch.

Pesce spada al marsala

SCHWERTFISCH IN MARSALA

Für 4 Portionen
4 Schwertfischsteaks (175 g)
3 El Zitronensaft
1/2 Bund Petersilie
1 Zwiebel
1 Knoblauchzehe
Salz
Pfeffer
4 El Olivenöl
125 ml trockener Weißwein
75 ml Marsala
2 Anchovis (aus dem Glas)

Zubereitungszeit 20 Minuten
(plus Garzeit)
Pro Portion ca. 353 kcal/1481 kJ
36 g E · 20 g F · 3 g KH

Den Schwertfisch mit dem Zitronensaft beträufeln. Petersilie waschen, trockenschütteln und fein hacken. Die Zwiebel und den Knoblauch schälen und fein hacken. Die Fischsteaks mit Salz und Pfeffer einreiben.

Das Olivenöl in einer Pfanne erhitzen und die Fischscheiben darin von jeder Seite 2 Minuten braten, dann Zwiebel und Knoblauch zugeben und mitdünsten. Wein und Marsala zugießen und alles abgedeckt 5 Minuten köcheln.

Die Anchovis abtropfen lassen und mit einer Gabel zerdrücken. Dann den Fisch aus der Sauce nehmen und warm stellen. Petersilie und Anchovis in die Sauce rühren und aufkochen. Die Sauce unter Rühren um ein Drittel einkochen lassen, dann mit den Schwertfischsteaks servieren.

Aragosta arrosto

LANGUSTENSCHWÄNZE

Für 4 Portionen
1 kg küchenfertige Langusten-schwänze, vorgekocht
1 El Zitronensaft
100 g Butter, 1 El Olivenöl
50 g Mehl
Salz, Pfeffer
1 Rosmarinzweig
250 ml trockener Weißwein

Zubereitungszeit 15 Minuten (plus Backzeit)
Pro Portion ca. 560 kcal/2352 kJ
53 g E · 28 g F · 13 g KH

Den Backofen auf 180 °C (Umluft 160 °C) vorheizen. Die Langustenschwänze gut waschen und trockentupfen, dann den Zitronensaft darüberträufeln und etwa 10 Minuten ziehen lassen. In einem großen Schmortopf Butter und Olivenöl erhitzen. Die Langustenschwänze mit Mehl bestäuben und im heißen Fett von beiden Seiten braten. Mit Salz und Pfeffer bestreuen.
Rosmarin waschen und in den Topf legen, den Wein angießen. Die Langustenschwänze im Ofen etwa 12 Minuten backen.
Dazu passt Risotto.

Secondi 213

Brodetto

FISCHEINTOPF

Für 4 Portionen
1,5 kg gemischte küchenfertige Fische und Meeresfrüchte (z. B. Tintenfischstücke oder -ringe, Seebarbe, Meeräsche, Petersfisch, Venus-, Miesmuscheln, Garnelen)
5 El Olivenöl
Mehl zum Bestäuben
1 Zwiebel
2 Knoblauchzehen
1 eingelegte Pfefferschote
500 g Tomaten
Salz
Pfeffer
2 El Weinessig
3 El frisch gehackte Petersilie
4 El Butter
4 Scheiben Weißbrot

Zubereitungszeit 40 Minuten (plus Schmor- und Garzeit)
Pro Portion ca. 678 kcal/2846 kJ
73 g E · 36 g F · 16 g KH

Schalentiere waschen. Muscheln gut abbürsten. Mit 2 El Olivenöl in eine Pfanne geben und schmoren, bis sich die Schalen der Muscheln öffnen. Alles aus der Pfanne nehmen und das Fleisch aus den Schalen lösen. Beiseitestellen.

Fische waschen, trockentupfen und in Stücke schneiden. Zwiebel und Knoblauch schälen und fein hacken. Pfefferschote abtropfen lassen. Tomaten heiß überbrühen, häuten, von Stielansätzen und Kernen befreien und würfeln.

Fischstücke mit Mehl bestäuben. Restliches Öl in einem Bratentopf erhitzen und Zwiebel mit Knoblauch und Pfefferschote darin andünsten. Dann die Tomaten zugeben, mit Salz und Pfeffer abschmecken und die Sauce etwa 20 Minuten köcheln.

Sauce durch ein Sieb gießen und zurück in den Bräter geben. Die Fischstücke zufügen und bei geschlossenem Deckel etwa 15 Minuten darin garen. Schalentiere auslösen und mit dem Essig in den Eintopf geben und weitere 5 Minuten bei geringer Temperatur ziehen lassen. Die Petersilie unterheben.

Weißbrot in Butter rösten und auf Teller verteilen. Den Fischeintopf darübergeben und servieren.

Gelati

Gelati – schon das Wort schmilzt auf der Zunge wie das Eis, für das Italien so berühmt ist. Bereits Kaiser Nero ließ Gästen eisgekühlte Desserts aus dem Schnee der Albaner Berge mit Früchten, Honig und Rosenwasser servieren. In späteren Zeiten legte man Eiskeller an, in denen Schnee und Natureis auch während der warmen Jahreszeit gelagert werden konnten. Waren keine Katakomben verfügbar, wurden die Behälter mit dem frisch zubereiteten Eis in rotierenden Trögen deponiert, die mit gestoßenem Stangeneis gefüllt waren.

Von den Dolomiten aus verbreitete sich Milcheis über die gesamte Apennin-Halbinsel. Seit den 1950er-Jahren gehörten italienische Eisdielen immer öfter zum Straßenbild deutscher Städte. Ihre Eigentümer stammten wie auch heute noch zumeist aus dem Val di Cadore oder, mehr noch, aus dem Val die Zoldo in den Dolomiten.

Das Grundrezept besteht aus über zwei Dritteln Milch und Sahne, die mit Zucker und Eigelb cremig gerührt werden. Natürliche Aromen sorgen für ein einzigartiges Geschmackserlebnis. Zu den Favoriten gehören seit Jahren die ursprünglichen Sorten Vanille, Schokolade und Nuss, auch Stracciatella ist aus dem Angebot guter Eiscafés nicht wegzudenken. Daneben gibt es zahllose Variationen, die auf den herrschenden Modegeschmack abgestimmt sind.

Gefrorene Früchte gelten als der Ursprung des Fruchteises, später wurde frisches Obst zu Sirup verarbeitet und mit zerkleinertem Eis oder Schnee vermischt. Granita, aus Eisgranulat, Sirup und viel Zitronensaft bestehend, gehört noch heute zum Standardangebot vieler Bars – ein wahrer Genuss jedoch ist sie erst, wenn frische Zutaten Verwendung finden. Zu den beliebtesten Abwandlungen gehören Variationen mit Mandeln oder Kaffee, die zu Gebäck – etwa frischen Brioches – verzehrt werden. Feiner und

cremiger ist ein Sorbetto, das mit Eiweiß zubereitet wird und auch Fruchtstücke und etwas Alkohol enthalten darf. Bei opulenten Mahlzeiten erleichtert es den Übergang von Fisch auf Fleisch. Auch als kühle Erfrischung zwischendurch ist Sorbetto ein Genuss.

Als Urahn aller Eisbecher darf der Amarena-Becher gelten. In Sirup eingelegte Kirschen auf Eis gehören zu den Originalen italienischer Eishersteller. Die traditionelle Herstellung besteht aus frischem Obst, außerhalb der Saison dürfen es auch tiefgefrorene Früchte sein. Ein guter Eismacher, ein Gelataio, begnügt sich nicht mit dem vorgeschriebenen Fruchtanteil von 20 Prozent – bei ihm besteht das fertige Eis zur Hälfte aus Früchten.

Auch an den Eisfabrikanten Italiens gehen die vermeintlichen Segnungen der Moderne nicht vorbei – Grundpasten, Zusatzstoffe und Geschmacksverstärker haben Einzug in die Fertigung gehalten. So lässt sich in kürzerer Zeit ein breites Angebot realisieren – auch wenn Geschmack und Schmelzverhalten beeinträchtigt werden. Traditionsbewusste Eismacher, die ihre Köstlichkeiten in Handarbeit herstellen, erkennt man oft an der überschaubaren Anzahl der Eiskübel in der Theke – und daran, dass auf der Eiskarte keine Fremdstoffe vermerkt sind.

Zu den Spezialitäten, die eher beim Gelatiere, dem Eiskonditor, als in der Eisdiele zu finden sind, gehören Eistorten. Zu den bekanntesten zählt die Cassata – ursprünglich eine gefüllte Biskuittorte, die in Sizilien zu besonderen Festtagen gereicht wurde. Eine Versuchung wert ist auch Spumoni – Schokolade, Pistazie und Erdbeere sind die Geschmackrichtungen der Eisschichten, die durch jeweils eine Schicht von Nüssen und kandierten Früchten getrennt werden.

Eis herzustellen ist eine Kunst und jeder Gelataio hütet seine Rezepte. Erst spät hat die Kugel als Portionierung Einzug gehalten. Traditionell wird zum Befüllen von Cono (Waffel) und Coppa (Becher) di gelato ein Eisspachtel verwendet. Doch ob als Kugel oder vom Spachtel gestrichen serviert – Fakt ist: Die Italiener sind heute die unbestrittenen Meister der Eiszubereitung.

Dolci

Dolci, das sind die süßen Sünden – nicht nur – zur Krönung eines mediterranen Mahls. Jede Region hat ihre eigenen Leckerbissen: Schokolade, Cremes, Eis oder Gebäck, und dabei ist die italienische Feinbäckerei eine Genusswelt für sich: Von Biscotti (doppelt gebackenen Keksen) bis zu luftig-cremigen Torten gibt es alles, was das Herz begehrt. Ob Amaretti (Piemont), Cannoli (Sizilien) oder Cassata (die beste kommt natürlich aus ihrem Ursprungsort, Sizilien), Crespelle (Umbrien), Panna cotta (Emilia Romagna), Tiramisu („Zieh' mich hoch", Venetien), Zabaione (Piemont) oder z. B. Zuppa Inglese (Lombardei) – sie haben längst den Weg über die Alpen gefunden. Gerade in ländlichen Regionen gehören auch frische Früchte zu den Dolci; verspeist werden sie mit Messer und Gabel. In jeder Form sind sie Abrundung und Abschluss der Mahlzeit.

Dolci sind jedoch weit mehr als das i-Tüpfelchen eines Menüs. Reicht zum ersten Frühstück oft ein Cornetto mit einem Caffè (Espresso), verlocken die Auslagen der Pasticcheria so manchen dazu, es nicht nur bei einem Capuccino zum späteren Frühstück oder bei einem Kaffee am Nachmittag zu belassen.

Viele Rezepte werden oftmals als Familienerbe an die nächste Generation weitergegeben. Während die feineren Sachen früher nur an Festtagen zubereitet wurden, wie Crostoli (Friaul/Trentino) einst nur zu Karneval gebacken wurden oder es Panettone (Mailand) traditionell in der Weihnachtszeit gab, findet man heute regional und zeitlich fast keine Begrenzung mehr.

Beim Sonnenuntergang am Mittelmeer Cantuccini aus der Toskana mit einem Gläschen Vin santo zu genießen – das ist echt italienisches Lebensgefühl. Und nein, das kann keine Sünde sein.

Bignè

WINDBEUTEL

Für 4 Portionen
200 ml Milch
4 El Butter
1 Prise Salz
140 g Mehl
1 Tl Backpulver
4 Eier
Fett für die Form

Zubereitungszeit 20 Minuten (plus Backzeit)
Pro Portion ca. 625 kcal/2625 kJ
13 g E · 50 g F · 31 g KH

Milch und Butter in einen Topf geben und das Salz zufügen. Aufkochen lassen. Das Mehl mit dem Backpulver in eine Schüssel sieben. Mehlmischung unter Rühren in die Milchmasse geben und so lange rühren, bis die Masse zu einem Kloß geworden ist, der sich vom Topfboden löst.
Teigkloß in eine Schüssel geben und etwas abkühlen lassen. Nun nach und nach die Eier unterrühren. Den Backofen auf 225 °C (Umluft 200 °C) vorheizen. Ein Backblech einfetten.
Mit einem Löffel kleine Teighäufchen abstechen und auf das Backblech setzen. Die Windbeutel 25 Minuten goldgelb backen. Anschließend abkühlen lassen, aufschneiden und nach Belieben füllen.

Der Mandelbaum wird wegen seiner Blüten und wegen seiner süßen Früchte sehr geschätzt. Mandeln sind die Samenkerne des Mandelbaumes. Außen umgibt sie eine dunkle Haut, die wiederum von einer harten Schale umgeben ist, um die noch eine grüne Hülle liegt. Zum Verzehr muss das dünne braune Häutchen der Mandel entfernt werden. Es gibt süße Mandeln, die hauptsächlich aus (gesunden) ungesättigten Fettsäuren bestehen und auch sonst sehr nahrhaft sind. Bittermandeln enthalten unter anderem Blausäure, die für den bitteren Geschmack verantwortlich ist.

Biscotti alle mandorle

Für 30 Stück
250 g geschälte Mandeln
60 g Pinienkerne
120 g Zucker
80 g Puderzucker
2 Tl abgeriebene Schale einer unbehandelten Orange
3 Eiweiß
2 El Vin santo
Fett für das Blech

Zubereitungszeit 20 Minuten
(plus Ruhe- und Backzeit)
Pro Stück ca. 93 kcal/389 kJ
2 g E · 5 g F · 8 g KH

MANDELPLÄTZCHEN

Mandeln und Pinienkerne im Mixer zerkleinern oder im Mörser fein zerstoßen.

Mandeln, Kerne, Zucker und 60 g Puderzucker mit der Orangenschale in einer Schüssel mischen. Die Eiweiße steif schlagen und unter die Masse heben. Zuletzt den Vin santo untermischen.

Ein Backblech einfetten und mit einem Löffel kleine Teighäufchen daraufsetzen und abgedeckt über Nacht ruhen lassen.

Am nächsten Tag den Backofen auf 180 °C (Umluft 160 °C) vorheizen. Die Mandelplätzchen im Ofen etwa 15 Minuten backen. Dann auf einem Kuchengitter abkühlen lassen. Mit dem restlichen Puderzucker bestreuen und am besten warm servieren.

Fichi ripieni

GEFÜLLTE FEIGEN

Für 4 Portionen
8 frische Feigen
35 g gehackte Walnüsse
2 El Honig
2 El trockener Marsala
80 g Mascarpone
80 g Vollmilch-Schokolade

Die Feigen waschen, unten gerade abschneiden, damit sie stehen können, und oben etwa 2 cm tief kreuzweise einschneiden. Den Backofen auf 200 °C (Umluft 180 °C) vorheizen.
Die gehackten Nüsse, Honig, Marsala und Mascarpone gut miteinander mischen. Die Feigen etwas aufdrücken und diese Mischung hineingeben. Die Feigen auf ein Backblech oder in eine Auflaufform stellen und im Ofen etwa 12 Minuten backen. Die Schokolade im Wasserbad schmelzen und nach dem Backen über die Feigen geben. Die Feigen sofort servieren.

Feigenbäume wachsen in fast ganz Italien wild. Man kann die reifen Früchte direkt vom Baum essen.

Schokolade kommt in Italien traditionell aus Perugia, der Hauptstadt Umbriens. Hier feiert man alljährlich im Oktober ein großes Schokoladenfest, bei dem an allen öffentlichen Plätzen und Orten Schokolade zum Probieren angeboten wird.

Zubereitungszeit 30 Minuten
(plus Backzeit)
Pro Portion ca. 412 kcal/1732 kJ
13 g E · 17 g F · 50 g KH

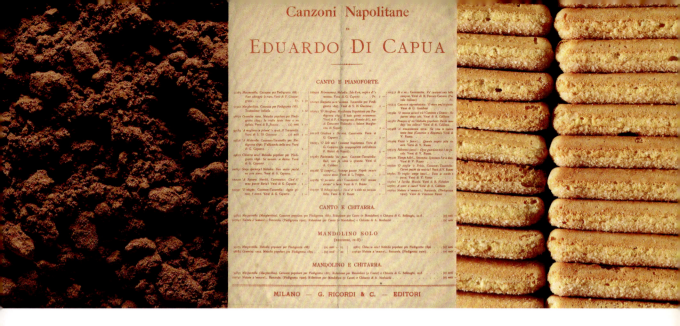

TIRAMISU

Für 4 Portionen
4 Eigelb
100 g Zucker
300 g Mascarpone
100 g Löffelbiskuits
2 El Weinbrand
250 ml kalter Espresso
Kakaopulver zum Bestäuben

Zubereitungszeit 30 Minuten (plus Kühlzeit)
Pro Portion ca. 685 kcal/2877 kJ
32 g E · 36 g F · 44 g KH

Die Eigelbe in einer Schüssel sehr schaumig rühren, dann nach und nach den Zucker zugeben und unterrühren. Die Creme ins Wasserbad stellen und weiterrühren, bis sich der Zucker gut aufgelöst hat. Den Mascarpone löffelweise zur Creme geben und mit dem Handrührgerät untermischen.

Eine rechteckige Form mit der Hälfte der Biskuits auslegen. Den Weinbrand in den Espresso rühren und die Biskuits mit gut der Hälfte der Flüssigkeit tränken. Die Hälfte der Mascarponecreme daraufgeben. Die restlichen Biskuits darüberlegen und mit dem restlichen Kaffee begießen. Den Rest der Creme darüber verteilen.

Tiramisu mindestens 8 Stunden oder über Nacht in den Kühlschrank stellen. Danach das Kakaopulver darübersieben und bei Zimmertemperatur servieren.

Panforte ist neben den Cantuccini die bekannteste Süßigkeit aus Siena. Übersetzt heißt es „starkes Brot", was sich sicher auf die nahrhaften Zutaten bezieht. Schon sehr früh galt es in dieser Gegend als leckere Näscherei, der auch die Geistlichkeit nicht abgeneigt war. In Siena hat man den Heiligen Laurentius zum Schutzheiligen des Panforte gewählt.

Panforte

Für 1 Springform
28 cm Ø (12 Stücke)
100 g Haselnüsse
150 g Walnüsse
100 g Pinienkerne
250 g Mandeln
150 g getrocknete Feigen
300 g gemischte kandierte Früchte
100 g Kakaopulver
1 Prise weißer Pfeffer
1 Prise gemahlene Muskatnuss
150 g Honig
150 g Puderzucker
1 Oblate (28 cm Ø)
Puderzucker zum Bestäuben

Zubereitungszeit 30 Minuten
(plus Zeit zum Rösten und Backen)
Pro Stück ca. 523 kcal/2198 kJ
11 g E · 31 g F · 50 g KH

FRÜCHTEKUCHEN

Die Nüsse, Kerne und Mandeln in einer großen Pfanne ohne Fett rösten, bis sie duften. Dann abkühlen lassen und fein hacken. Die getrockneten Feigen und die kandierten Früchte in kleine Würfel schneiden und in eine Schüssel geben. Nüsse, Mandeln, Kerne, Kakao und die Gewürze zugeben und alles mischen. Den Backofen auf 150 °C (Umluft 130 °C) vorheizen.

Honig und Puderzucker in eine feuerfeste Schüssel geben und ins Wasserbad stellen. Dort so lange rühren, bis der Honig geschmolzen ist und sich gut mit dem Puderzucker verbunden hat. Eine Springform mit einer großen Oblate auslegen. Nussmischung und Honig-Puderzucker-Mischung miteinander verrühren, 2 El Wasser zugeben und alles zu einer glatten Masse rühren. Masse auf die Oblate streichen und das Panforte im Ofen etwa 30 Minuten backen. Dann aus der Form lösen, abkühlen lassen und mit Puderzucker bestäuben.

Panna cotta

Für 4 Portionen
4 Blatt weiße Gelatine
250 g Sahne
250 ml Milch
1 Vanilleschote
3 El Zucker
1/2 Tl abgeriebene Schale einer unbehandelten Zitrone
2 El Marsala
4 Pfefferminzblättchen

Zubereitungszeit 20 Minuten
(plus Koch- und Kühlzeit)
Pro Portion ca. 288 kcal/1208 kJ
5 g E · 21 g F · 21 g KH

GEKOCHTE SAHNE

Die Gelatine in kaltem Wasser einweichen. Sahne und Milch in einen Topf geben, die Vanilleschote aufschneiden und das Mark herauskratzen. Zu Sahne und Milch geben. Den Zucker und die Zitronenschale unterrühren und die Mischung aufkochen lassen. Bei geringer Temperatur etwa 10 Minuten köcheln.

Die Gelatine gut ausdrücken und in die Sahne-Milch geben, unter Rühren darin auflösen. Anschließend den Topf vom Herd nehmen.

Die Panna cotta in kalt ausgespülte runde Förmchen füllen und mindestens 6 Stunden kühl stellen, bis sie fest geworden ist. Danach die Panna cotta auf Teller stürzen, mit Marsala beträufeln und Pfefferminzblättchen dekorieren.

Mousse di castagne

MARONENMOUSSE

Für 4 Portionen
350 g frische Esskastanien (Maronen)
1 Tl Vanilleextrakt
3 El brauner Rum
65 g brauner Zucker
175 g Sahne
Saft einer kleinen Orange

Zubereitungszeit 30 Minuten (plus Gar- und Kühlzeit)
Pro Portion ca. 350 kcal/1470 kJ
3 g E · 15 g F · 49 g KH

Die Schalen mit einem Messer einritzen und die Kastanien in kochendem Wasser etwa 20 Minuten garen, bis die Schale aufplatzt und die Kastanien weich sind. Aus dem Wasser nehmen, abtropfen und abkühlen lassen. Dann schälen und pürieren.
Kastanienpüree in einer Schüssel mit dem Vanilleextrakt, Rum und Zucker mischen und kühl stellen.
Die Sahne steif schlagen und allmählich den Orangensaft unterrühren. Orangensahne mit dem Kastanienpüree gut vermischen, in Portionsschälchen füllen und 3 Stunden in den Kühlschrank stellen. Die Kastanienmousse mit Eis oder einer Schokoladensauce servieren.

Torta al limone

Für 1 Kastenform (8 Stücke)
12 große Eier
175 g Zucker
1 Päckchen Vanillezucker
150 g gehackte Mandeln
abgeriebene Schale und Saft von 4 Zitronen
abgeriebene Schale einer unbehandelten Orange
300 g Weizenmehl
1/2 Tl Salz
Fett für die Form
Puderzucker

Zubereitungszeit 20 Minuten (plus Backzeit)
Pro Stück ca. 465 kcal/1953 kJ
19 g E · 21 g F · 50 g KH

ZITRONENKUCHEN

Den Backofen auf 170 °C (Umluft 150 °C) vorheizen. Eine Kastenform (ca. 25 cm lang) ausfetten.

Die Eier trennen. Die Eigelbe in einer Schüssel sehr schaumig schlagen. Nach und nach Zucker, Vanillezucker, Mandeln, Zitronenschale, -saft und Orangenschale zugeben und alles zu einer cremigen Masse schlagen.

Das Mehl in eine Schüssel sieben und das Salz zufügen. Mehl zur Zitronenmasse geben und gut unterrühren. Das Eiweiß steif schlagen und mit einer Gabel unterheben, bis ein glatter Teig entsteht.

Den Teig in die Kastenform füllen und im Ofen etwa 1 Stunde backen. Dann den Kuchen aus dem Ofen nehmen, sofort auf ein Kuchengitter stürzen und mit Puderzucker bestäuben.

 Zabaione

WEINSCHAUMCREME

Für 4 Portionen
4 Eigelb
40 g Zucker
100 ml Marsala
Saft von 1/2 unbehandelten Zitrone

Zubereitungszeit 20 Minuten
Pro Portion ca. 118 kcal/496 kJ
4 g E · 7 g F · 10 g KH

Die Eigelbe und den Zucker in eine Metallschüssel geben und sehr schaumig schlagen. 1 El warmes Wasser zugeben und die Schüssel ins Wasserbad stellen. Dort mit einem Schneebesen weiterschlagen.
Nach und nach den Marsala zugießen und die Creme etwa 10 Minuten rühren, bis sie fast den doppelten Umfang hat und leicht andickt. Mit Zitronensaft abschmecken.
Die Schüssel aus dem Wasserbad nehmen, die Zabaione in Gläser füllen und noch warm servieren. Dazu Löffelbiskuits oder Amarettini reichen.

> Diese leichte Creme aus geschlagenen Eiern, Zucker und Likör ist über die Grenzen Italiens hinaus bekannt. Sie ist leicht verderblich, deshalb sollte sie direkt vor dem Servieren zubereitet werden. Man isst dazu gerne lockere Löffelbiskuits (savoiardi), die ihren italienischen Namen den Savoyern verdanken.
> Bereits im 14. Jh. gehörten sie zum Lieblingsgebäck der Höflinge. Heute werden sie vor allem im Piemont hergestellt.

Caffè

Bereits 1645 öffnete auf der Piazza San Marco in Venedig das erste Kaffeegeschäft Italiens seine Pforten, mit dem Café Florian um die Mitte des 18. Jahrhunderts das älteste Café. Heute ist „der kleine Schwarze" aus dem Leben zwischen Dolomiten und Adria nicht mehr wegzudenken. Triest gilt mit dem größten Kaffeehafen, mehr als 50 Firmen und einem berühmten Kaffeemuseum als Hauptstadt der schwarzen Bohne.

Die perfekte Kaffeemischung ist auf die Zubereitung zugeschnitten – fein gemahlen für die Espressomaschine, etwas grober für die Kanne. Kaffee Arabica bezaubert mit einem intensiven, etwas säurearmen Aroma, Robusta ist stärker und voller im Geschmack. Bis zu sechs verschiedene Sorten werden verwendet, um den gewünschten Geschmack zu erzielen. Zudem werden Kaffeebohnen für Espressomischungen länger geröstet als z.B. für Filterkaffee. Diese „italienische Röstung" enthält weniger Bitterstoffe, Säure und Koffein und garantiert so eine gute Bekömmlichkeit.

Voraussetzung für einen guten Espresso aus der Maschine ist neben einem erstklassigen Kaffeepulver ein gutes Wasser; Feinschmecker verwenden Mineralwasser. Das Pulver, pro Tasse etwa sieben Gramm, wird im Sieb angepresst. Entscheidend ist der Druck, mit dem das Wasser durch den Filter gepresst wird – genauso stark, dass sich das Aroma des Kaffees vollständig entfalten kann. Ein guter Espresso füllt die Tasse nur zur Hälfte, man erkennt ihn an der Crema auf seiner Oberfläche, die nur entsteht, wenn das Wasser mit viel Druck durch den Kaffee gepresst wurde.

Ebenso klassisch wie die Espressomaschinen in Bars – Achille Gaggia meldete 1938 die Idee, heißes Wasser durch gemahlenen Kaffee zu pressen, zum Patent an – sind die Espresso-

kannen aus Aluminium, die Moka Express, die in keinem Haushalt fehlen dürfen. Das Prinzip ist denkbar einfach: Kaltes Wasser (nicht mehr als bis zur Unterkante des Ventils) wird durch Erhitzung durch das Sieb gepresst und sammelt sich im oberen Reservoir als fertiger Espresso. Im Gegensatz zum Automaten wird hier bei der Zubereitung das Kaffeepulver nur leicht angedrückt, dann die Kanne bei mittlerer Temperatur auf die Flamme gestellt. Bereits wenn das Wasser hörbar aufsteigt, sollte die Kanne vom Herd genommen und der Deckel geöffnet werden.

Caffè wird heiß getrunken, je nach Geschmack auch süß. Morgens weckt er die Lebensgeister, mittags rundet er eine gelungene Mahlzeit ab. Den Variationen sind keine Grenzen gesetzt. Caffè ristretto wird nur mit der halben Menge Wasser zubereitet und ist damit noch konzentrierter. Das Gegenteil ist der Caffè lungo, dem noch ein Schuss heißes Wasser beigefügt wird. Caffè americano entsteht mit der doppelten Menge heißen Wassers. Wer einen Caffè doppio bestellt, bekommt einen doppelten Espresso. Ein Schuss Alkohol, ein Grappa etwa, macht den Espresso zum Caffè corretto. Gesüßter, eisgekühler Caffè freddo und die gefrorene Granita di caffè erfrischen im Sommer.

Cappuccino, also Espresso mit viel Milchschaum, ist längst zu einem der Favoriten auch nördlich der Alpen avanciert. Getrunken wird er in Italien jedoch nur zum Frühstück und am Vormittag. Der Caffè latte entspricht dem Milchkaffee. Latte macchiato dagegen – übersetzt: gefleckte Milch – besteht aus Milch, die mit ein paar Tropfen Espresso angereichert wurde. Das genaue Gegenstück ist der Caffè macchiato, mit einem Löffel Milchschaum gestreckter Espresso.

Der Espresso, il caffè: Erst in zweiter Linie ist er ein Getränk. Eher ein Geschmack, der die Sinne anregt. Entsprechend ist der Barista mehr als ein Barkeeper – er ist ein Künstler, der die Zubereitung des Kaffees zelebriert. Eine Gabe, zu deren Erlernen Kurse angeboten werden, die Spezialisten treten in Meisterschaften gegeneinander an. Bei alledem steht die Qualität im Vordergrund. Wenn sich der Geschmack noch eine Viertelstunde am Gaumen hält, dann war es ein guter Caffè – die Italiener trinken ihn meist im Stehen, gern auch vor der Bar.

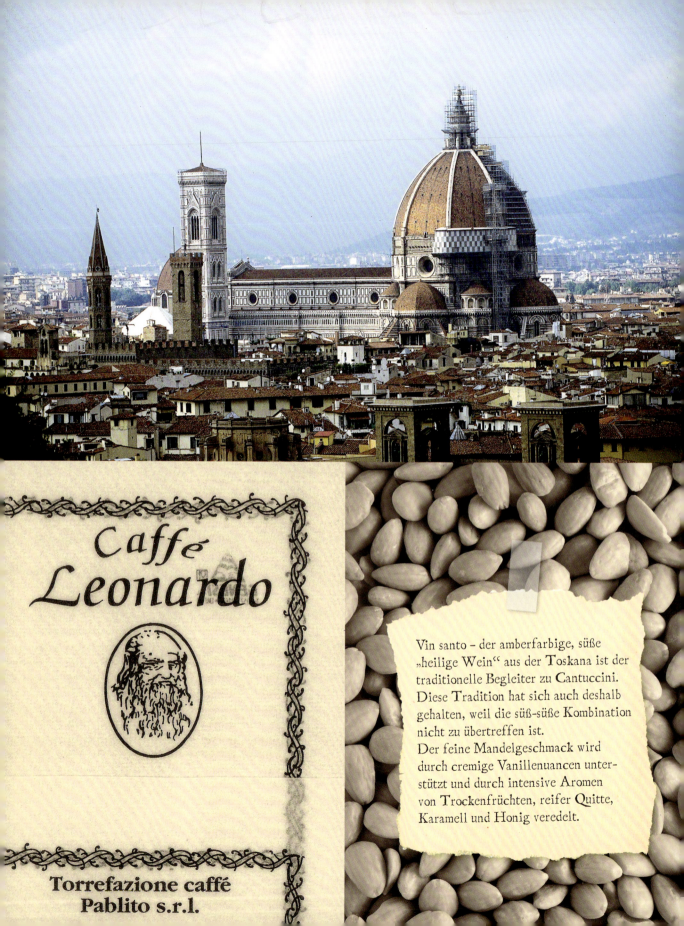

Cantuccini

Für 50 Stück

2 Eier

90 g Zucker

Saft und abgeriebene Schale von 1/2 unbehandelten Orange

225 g Weizenmehl

1/2 Tl Backpulver

125 g ganze Mandeln

Zubereitungszeit 20 Minuten (plus Backzeit)
Pro Stück ca. 41 kcal/173 kJ
1 g E · 2 g F · 5 g KH

CANTUCCINI

Den Backofen auf 175 °C (Umluft 155 °C) vorheizen. Die Eier und den Zucker in eine Schüssel geben und schaumig rühren. Orangensaft und -schale zugeben und unterrrühren.

Das Mehl mit dem Backpulver in die Eicreme sieben und kurz untermischen, dann den Teig mit den Händen so lange kneten, bis er schön locker ist.

Die Mandeln in heißes Wasser tauchen und dann die Schale abziehen. Die Mandeln unter den Teig mischen. Den Teig zu 3 Rollen formen (etwa 4 cm Ø) und auf ein gefettetes Backblech legen. Im Ofen etwa 30 Minuten backen.

Die Teigrollen aus dem Ofen nehmen, kurz abkühlen lassen und in fingerdicke Scheiben schneiden. Cantuccini auf das Blech legen und weitere 10 Minuten im Ofen knusprig backen.

Zuppa inglese

Für 4 Portionen

Biskuitteig
3 Eier
50 g Puderzucker
1 Päckchen Vanillezucker
40 g Mehl
50 g Speisestärke

Füllung
Mark von 1 Vanilleschote
500 ml Milch
Salz
4 Eier
65 g Zucker
20 g Mehl
1 El Maisstärke
125 g kandierte Früchte
4 El Amaretto
200 g Sahne
50 g Mascarpone

Zubereitungszeit 30 Minuten
(plus Back- und Kühlzeit)
Pro Portion ca. 805 kcal/3381 kJ
30 g E · 40 g F · 77 g KH

„ENGLISCHE SUPPE"

Den Backofen auf 200 °C (Umluft 180 °C) vorheizen. Für den Teig die Eier trennen. Eigelbe mit Puderzucker und Vanillezucker schaumig rühren. Die Eiweiße steif schlagen und vorsichtig unterheben. Mehl und Speisestärke mischen und über die Creme sieben. Mit dem Schneebesen gut untermischen.

Den Teig auf ein mit Backpapier ausgelegtes Backblech streichen und im Ofen etwa 15 Minuten goldgelb backen.

Den Biskuit nach dem Backen auf ein Kuchengitter stürzen und abkühlen lassen. Das Papier vorsichtig abziehen.

Vanillemark und Milch mischen und in einem Topf mit etwas Salz erhitzen. Die Eigelbe mit dem Zucker schaumig rühren, Mehl und Maisstärke zugeben und untermischen. Den Topf mit der Vanillemilch vom Herd nehmen und die Eicreme unterheben.

Den Topf wieder auf den Herd setzen und so lange weiterrühren, bis die Masse andickt. Sie darf nicht kochen. Die Creme vom Herd nehmen und unter gelegentlichem Umrühren gut auskühlen lassen. Inzwischen den Biskuitteig in breite Streifen schneiden. Die kandierten Früchte würfeln.

Eine Auflaufform abwechselnd mit Biskuitstreifen, Creme und kandierten Früchten füllen. Die Teigstreifen mit Amaretto beträufeln. Die Sahne schlagen und mit dem Mascarpone verrühren. Als Abschluss auf der letzten Biskuitschicht verteilen und mit kandierten Früchten verzieren.

Vor dem Servieren mindestens 3 Stunden gut kühlen.

Melone semifreddo

Für 4 Portionen
75 g Zucker
75 g Puderzucker
750 g Melonenfleisch
(Wasser-, Honig- oder
Cantaloupe-Melone)
Saft von 1 Zitrone

Zubereitungszeit 15 Minuten
(plus Gefrierzeit)
Pro Portion ca. 183 kcal/769 kJ
1 g E · 1 g F · 43 g KH

MELONENSORBET

Die beiden Zuckersorten mischen und mit 150 ml Wasser in einem Topf unter Rühren erhitzen, bis der Zucker sich aufgelöst hat. Die Mischung 3 Minuten köcheln, dann abkühlen lassen. Die Melonen von Schale und Kernen befreien und in kleine Würfel schneiden. Dann im Mixer pürieren. Mit dem Zitronensaft mischen. Den erkalteten Zuckersirup zugeben und gut unterrühren. Die Masse in eine Schüssel füllen und im Gefriergerät halbfest frieren lassen. Herausnehmen und gut durchrühren, wieder gefrieren lassen, bis das Sorbet fest geworden ist.
Das Melonensorbet vor dem Servieren etwa 30 Minuten in den Kühlschrank stellen, dann in Schälchen füllen und servieren.

Crespelle alle fragole

CRÊPES MIT ERDBEERFÜLLUNG

Für 4 Portionen
3 Eier
250 ml Milch
5 EL Mineralwasser
100 g Mehl
80 g Zucker
1 Prise Salz
5 El Butterschmalz
2 El Butter
abgeriebene Schale von
1/2 unbehandelten Zitrone
120 ml trockener Weißwein
120 ml Orangenlikör
300 g Erdbeeren

Zubereitungszeit 20 Minuten
(plus Ruhe- und Backzeit)
Pro Portion ca. 1147 kcal/4819 kJ
11 g E · 91 g F · 55 g KH

Die Eier mit der Milch, dem Mineralwasser und dem Mehl in einer Schüssel verrühren. 30 g Zucker einrieseln lassen und die Prise Salz zufügen. Alles zu einem glatten Teig verrühren und 10 Minuten ruhen lassen.

Das Butterschmalz anschließend in einer Pfanne erhitzen und portionsweise aus dem Teig dünne Pfannkuchen backen. Nach dem Backen warm stellen.

Die Butter in einer Pfanne erhitzen und den restlichen Zucker darin karamellisieren lassen. Nach und nach Zitronenschale, Weißwein und Orangenlikör zufügen und unter Rühren zu einem Sirup kochen.

Die Erdbeeren putzen, waschen und klein schneiden. In die Pfanne geben und erhitzen.

Die Füllung noch warm auf die Pfannkuchen verteilen und diese zusammenrollen. Sofort servieren. Nach Geschmack Sahne dazu reichen.

Honig wurde als Süßstoff verwendet, lange bevor es den raffinierten Zucker gab. In Italien wird noch heute hochwertiger Honig produziert, erkennbar an dem Siegel „Miele Italiano" auf den Etiketten der Honiggläser. Es gibt fast für jeden Geschmack den passenden Honig und eine Vielzahl von Honigsorten.

Torta alle mandorle

MANDELKUCHEN

Für 1 Springform (26 cm Ø)
1 Päckchen Backpulver
100 ml Milch
450 g Weizenmehl
100 g Butter
125 g brauner Zucker
5 El Honig
200 g frisch gemahlene Mandeln
3 El Aprikosenmarmelade
2 El halbierte Mandeln
Fett für die Form

Zubereitungszeit 25 Minuten (plus Backzeit)
Pro Portion ca. 395 kcal/1659 kJ
8 g E · 58 g F · 141 g KH

Den Backofen auf 180 °C (Umluft 160 °C) vorheizen. Das Backpulver in die Milch rühren und erwärmen. Das Mehl in eine Schüssel sieben und in die Mitte eine Mulde drücken. Die Butter schmelzen und zum Mehl gießen. Zucker, Honig und die Milch mit Backpulver zugeben und daraus einen festen Teig rühren. Die gemahlenen Mandeln zufügen und den Teig mit den Händen gut verkneten.

Die Springform einfetten. Den Teig zu einem Kreis formen und in die Form legen. Im Ofen etwa 40 Minuten backen. Danach mit einem Holzstäbchen die Garprobe machen. Den Kuchen aus dem Ofen nehmen und kurz auskühlen lassen. Kuchen aus der Form lösen und auf ein Kuchengitter setzen. Die Aprikosenmarmelade in einem Topf erwärmen, bis sie flüssig ist. Auf den Kuchen streichen und die halbierten Mandeln darauf verteilen. Den Kuchen vor dem Servieren abkühlen lassen.

Gelato di ricotta

Für 4 Portionen
125 ml Espresso
500 g Ricotta
100 g Zucker
4 Eigelb
3 El Sahne
1 Tl Vanillezucker
4 El Marsala
2 El Kakaopulver

Zubereitungszeit 15 Minuten
(plus Zeit zum Gefrieren)
Pro Portion ca. 428 kcal/1796 kJ
20 g E · 24 g F · 33 g KH

RICOTTA-EIS

Den Espresso erkalten lassen. Den Ricotta durch ein Sieb streichen und mit dem Espresso verrühren. Zucker und Eigelbe schaumig rühren, die Sahne steif schlagen, Vanillezucker und Marsala unterrühren. Espresso-Ricotta und Eischaum miteinander verrühren und die Sahne unterheben.

Die Masse in eine Schüssel oder rechteckige Form geben und mit Klarsichtfolie abdecken. Im Gefrierschrank etwa 3 Stunden fest gefrieren lassen. Anschließend das Ricotta-Eis mit einem Eisportionierer auf Schälchen verteilen oder in Scheiben schneiden und anrichten. Mit Kakaopulver bestreut servieren.

Mousse di amaretto ai fichi

Für 4 Portionen
3 Eier
125 g Zucker
3 El Amaretto
300 g Sahne
Mark von 1/2 Vanilleschote
4 Feigen
2 El Cognac

Zubereitungszeit 20 Minuten
(plus Marinier- und Gefrierzeit)
Pro Portion ca. 425 kcal/1785 kJ
8 g E · 28 g F · 29 g KH

AMARETTOPARFAIT MIT FEIGEN

1 Ei trennen. 2 Eier und das Eigelb mit 90 g Zucker in eine Metallschüssel geben und im warmen Wasserbad schaumig rühren. Den Amaretto langsam zugießen und die Creme noch 5 Minuten weiterrühren.

Die Sahne mit dem Vanillemark mischen und mit der Eicreme verrühren. Die Masse in 4 Puddingförmchen oder Eisschälchen füllen und etwa 3 Stunden gefrieren lassen.

Die Feigen waschen, trockentupfen und in Scheiben schneiden. Mit Cognac und restlichem Zucker in einer Schüssel marinieren lassen. Darauf achten, dass die Feigen von allen Seiten mit der Flüssigkeit durchtränkt werden.

Nach der Gefrierzeit die Förmchen kurz in warmes Wasser tauchen und das Parfait auf Teller stürzen. Mit den marinierten Feigen servieren. Nach Geschmack eine Fruchtsauce dazu reichen.

Grappe

Einst galt Grappa als Bauernschnaps, heute ist der Tresterbrand zur edelsten Spirituose Italiens avanciert. Eine Spezialität, die maßgeblich in den Regionen Piemont, Toskana, Südtirol und Venetien hergestellt wird. Im Friaul und im Trentino wachen Erzeugerverbände über die Qualität, doch stehen sizilianische Grappe den norditalienischen nicht nach.

Die Historie der Grappe ist die Geschichte einer guten Tat, die Früchte trug: Nach der Kelter überließen die Besitzer der Weinstöcke die Traubenrückstände der armen Bevölkerung – die daraus heimlich Schnaps brannte. Doch schon im 15. Jahrhundert wurde Grappa exportiert. Sie zählt neben Armagnac und Cognac zu den ältesten Destillaten.

Pressrückstände von Winzereien, die für edle Weine berühmt sind, eignen sich am besten für die Grappaherstellung – wird doch dort bei der Kelter nicht aller Saft aus den Trauben gepresst. Ein feuchter Fruchtbrei aber ist die beste Basis für eine vollmundige Grappa. Fruchtig muss sie sein – von weichem und doch kräftigem Geschmack. Dabei klar und durchsichtig wie Quellwasser, jede Eintrübung deutet auf mindere Qualität hin.

Jede Rebsorte gibt der Grappa eine eigene Note, aromatische Trauben wie Moscato, Riesling oder Traminer veredeln das Ergebnis. Eine Grappa di Prosecco schmeckt eher frisch, während die Grappa di Pinot grigio als kräftig und angenehm herb empfunden wird. Die Grappa di Vernaccia di San Gimignano wird aus Reben hergestellt, deren Tradition bis ins 13. Jahrhundert zurückreicht.

In der industriellen Herstellung, die etwa 80 Prozent des Gesamtvolumens ausmacht, setzt man auf eine automatisierte Fertigung. Kleine Erzeuger aber, die nach ursprünglichen Methoden arbeiten, füllen den Destillierkessel immer wieder neu und verwenden nur das mittlere Destillat, das Cuore. So lassen sich aus 400 Kilo Trester etwa 30 Liter Grappa gewinnen.

Auch wenn es Produkte gibt, die mit dem Siegel „invecciata" (gealtert) „vecchia" (alt) oder sogar „stravecchia" (sehr alt) auf lange Lagerung hinweisen, hat das Alter auf die Güte keinen Einfluss. Ihren typischen Charakter hat Grappa bereits nach einem halben Jahr entwickelt. Eine Veredelung erfährt frische Grappa jedoch, wenn sie in Eichenfässer eingelagert wird. Auch die Lagerung in Fässern, die aus Obstbäumen wie Apfel oder Kirsche gefertigt sind, prägt ein feines Aroma. „Riserva", die lange gelagerten Grappe, nehmen mit dem Geschmack auch eine strohgelbe oder dunklere Farbe an.

Eine lange Tradition hat das Anreichern der Spirituose mit Heilkräutern, das „Wasser des Lebens" gilt seit jeher als Medizin. Selbst in der Küche darf Grappa nicht fehlen. In Ligurien dient sie der Veredelung von Fischrezepten, Cremes und Saucen gibt sie eine besondere Note. Auch dem Caffè corretto, dem mit Hochprozentigem verlängerten Espresso, wird ein Schluck Grappa zugefügt. Die Mischung offenbart durch Geruch und Geschmack das Niveau des Tresterbrands.

Eine fruchtig-leichte Grappa ist der runde Abschluss einer Mahlzeit, bei Festmenus darf auch zwischendurch ein Gläschen zur Verdauung kredenzt werden. Ideal dafür sind junge, liebliche Grappe, die 8 bis 10 Grad kühl ausgeschenkt werden. Gereifte Grappe werden 16 bis 18 Grad warm zur Entspannung getrunken.

Die oft filigranen Flaschen geben einen ersten Eindruck von der Güte des Produkts. Junge Grappe serviert man in schmalen oder unten bauchigen Gläsern, ein Riserva kann auch in Cognac-Gläsern ausgeschenkt werden. Warum soll das Auge zurückstehen, wenn der Gaumen verwöhnt wird …

REGISTER

Aal mit Rosinen	209
Amarettoparfait mit Feigen	253
Artischocken mit Zitronenmayonnaise	29
Artischocken, gedünstete	65
Auberginen und Pilze, marinierte	23
Auberginen, überbackene	91
Bohnensalat mit Thunfisch	17
Bohnensuppe, florentinische	59
Bruschetta	27
Calzone mit Fleischfüllung	147
Cantuccini	241
Carpaccio	25
Ciabatta	69
Crêpes mit Erdbeerfüllung	247
Crostini mit Hühnerleber	37
„Englische Suppe"	243
Ente mit Aprikosen	187
Feigen, gefüllte	225
Fenchel, gebratener	83
Fenchelsalat mit Orangen	19
Fettuccine mit Speck	117
Fischeintopf	215
Forellen, gefüllte	207
Früchtekuchen	229
Garnelen, ausgebackene	135
Gemüsesuppe	49
Gnocchi mit Gorgonzolasauce	93
Goldbrasse mit Zwiebeln	193
Hähnchenpfanne	185
Hasenpfeffer	183
Kalbfleisch mit Thunfischsauce	35
Kalbsbrust, gefüllte	169
Kalbshaxe	165
Kalbsleber venezianisch	171
Kalbsschnitzel mit Schinken und Salbei	163
Kaninchen mit Tomaten und Kräutern	181
Kartoffeln mit Steinpilzen	95
Käse-Schinken-Torte	77
Lamm mit Oliven	175
Lammragout mit Pilzen	173
Lasagne	113
Linsen mit Kastanien	87
Mandelkuchen	249
Mandelplätzchen	223
Mangoldkuchen	79
Maronenmousse	233
Meeresfrüchtesalat	41
Melonensorbet	245
Miesmuscheln, gefüllte	137
Muschelsuppe	55
Nudeln mit grünem Spargel	121
Ochsenschwanzragout mit Fenchel	167
Pappardelle mit Hasenragout	109
Paprikagemüse	67
Parmaschinken mit Melone	33
Penne mit scharfer Sauce	125w
Pizza calabrese	149
Pizza capricciosa	143
Pizza mit Meeresfrüchten	151
Pizza mit Muscheln	145
Pizzabrot alla romana	15
Polenta mit zwei Saucen	133
Ravioli mit Spinat und Salbeibutter	111
Ricotta-Eis	251
Rigatoni mit Pesto	119
Rinderbraten in Barolo	159
Rinderfilet, gefülltes	161
Risotto Mailänder Art	127
Risotto mit Trüffeln	131
Risotto mit Tintenfisch	129
Rotbarben mit Pancetta	203
Sahne, gekochte	231
Sardinen, gefüllte	195
Sardinenfilets, marinierte	39
Schnecken, gefüllte	43
Schnitzel mit Marsalasauce	157
Schweinebraten in Milch	177
Schwertfisch in Marsala	211
Seebarsch mit Olivensauce	199
Seezungenfilets, überbackene	197
Spaghetti bolognese	101
Spaghetti carbonara	103
Spargelkuchen	75
Spinat in Blätterteig	81
Spinatklöße	97
Spinatsuppe mit Ei	61
Stockfischpfanne	201
Tagliatelle mit Safransauce	105
Tauben, gebratene	189
Teigtaschen mit Käsefüllung	123
Thunfisch, gegrillter, mit Sardellen	205
Tintenfische, gefüllte, mit Kartoffeln	139
Tiramisu	227
Tomaten, gefüllte	63
Tomaten-Mozzarella-Cannelloni	115
Tomaten-Mozzarella-Salat	45
Tomatensalat mit Rucola	21
Tomatensuppe	57
Tortellini mit Steinpilzen	107
Weinschaumcreme	237
Windbeutel	221
Ziegenfleisch in Rotwein	179
Zitronenkuchen	235
Zucchini mit Minze	85
Zucchiniblüten, gefüllte	89
Zucchini-Cremesuppe	51
Zwiebelsuppe	53

•••

Agnello alle olive	175
Agnello gratinato ai funghi	173
Anatra alla albicocca	187
Anguilla con uva passa	209
Aragosta arrosto	213
Arrosto di manzo ripieno di parmigiano	161
Baccalà alla genovese	201
Bignè	221
Biscotti alle mandorle	223
Brodetto	215
Bruschetta	27
Calamari alla calabrese	139
Calzone con ripieno di carne	147
Cannelloni con pomodoro e mozzarella	115
Cantuccini	241
Caprese	45
Capretto al vino	179
Carciofi	29
Carciofi stufati	65
Carpaccio	25
Ciabatta	69
Cima alla genovese	169
Coda alla vaccinara al finocchio	167
Coniglio alla cacciatora	181
Cozze ripiene	137
Crespelle alle fragole	247
Crostini	37
Fegato di vitello alla veneziana	171
Fettuccine con lo speck	117
Fichi ripieni	225
Filetti di sogliola al forno	197
Finocchi fritti	83
Fiori di zucchini ripieni	89
Focaccia alla romana	15
Gelato di ricotta	251
Gnocchi al gorgonzola	93
Insalata ai frutti di mare	41
Insalata di fagioli	17
Insalata di finocchi con aranci	19
Insalata di pomodori con la rucola	21
Lasagne	113
Lenticchie alle castagne	87
Lumache ripiene	43
Maiale al latte	177
Malfatti	97
Manzo al barolo	159
Melanzane al forno	91
Melanzane e funghi marinati	23
Melone semifreddo	245
Minestrone	49
Mousse di amaretto ai fichi	253
Mousse di castagne	233
Orata con cipolle	193
Ossobuco	164
Panforte	229
Panna cotta	231
Panzarotti ripieni di povolone	123
Pappardelle al sugo di lepre	109
Patate e funghi porcini	95
Penne all'arrabbiata	125
Penne con asparagi verdi	121
Peperonata	67
Pesce spada al marsala	211
Piccione arrosto	189
Pizza alla calabrese	149
Pizza alla vongole	145
Pizza capricciosa	143
Pizza frutti di mare	151
Polenta con due salse	133
Pollo in padella	185
Pomodori ripieni	63
Prosciutto e melone	33
Ravioli carne e spinaci	111
Rigatoni al pesto	119
Risotto ai tartufi	131
Risotto alla milanese	127
Risotto nero	129
Saltimbocca alla romana	163
Sarde ripiene	195
Sarde sott'olio	39
Scaloppine al marsala	157
Scampi alla veneziana	135
Spaghetti alla bolognese	101
Spaghetti alla carbonara	103
Spigola alla salsa d'olive	199
Stufato di lepre	183
Tagliatelle allo zafferano	105
Tiramisu	227
Torta al formaggio e prosciutto	77
Torta al limone	235
Torta alle mandorle	249
Torta di asparagi	75
Torta di spinaci	81
Torta verde	79
Tortellini ai funghi	107
Tranci di tonno ai ferrie con acciughe	205
Triglie alla pancetta	203
Trote ripiene	207
Vitello tonnato	35
Zabaione	237
Zucchini alla menta	85
Zuppa di cipolle	53
Zuppa di cozze	55
Zuppa di fagioli	59
Zuppa di pomodoro	57
Zuppa di spinaci	61
Zuppa di zucchini	51
Zuppa inglese	243